David Schnitter

Feiert Jesus! to pray

SCM Hänssler

SCM

Stiftung Christliche Medien

David Schnitter, Baujahr 1983, ist verheiratet und lebt in Nordirland. Dort ist er Worship Pastor in der Carrickfergus Church of the Nazarene.

Internet: www.scm-haenssler.de
E-Mail: info@scm-haenssler.de
Umschlagsgestaltung: Krüger & Ko.
Satz: Druckhaus Götz GmbH, Ludwigsburg
Druck und Bindung: CPI – Ebner & Spiegel, Ulm
Printed in Germany

Bestell-Nr. 395.036
ISBN 978-3-7751-5036-1

Inhalt

IM TAL

VERÄNDERT IN SEIN BILD

ER HAT EINEN PLAN

Vorwort

Feiern mit vielen Facetten!

„Feiert Jesus!" – Mit dieser Aufforderung verbinden viele eingängige Lieder und ansprechende Musik. Doch es geht um weit mehr als einige neue Lieder und Lobpreis im Pop-Gewand. Jesus zu feiern hat viele Facetten. Es geschieht manchmal laut und schrill und an anderen Stellen ruhig und besinnlich. So unterschiedlich die Feiern sind, die wir im Laufe unseres Lebens erleben, so unterschiedlich sieht es aus, wenn wir Jesus feiern – alleine oder gemeinsam mit anderen.

Dieses Buch erweitert die „Feiert Jesus"-Reihe um einen weiteren wichtigen Baustein. „Feiert Jesus! to pray" ist nicht einfach ein weiteres Andachtsbuch. Es kann ein Schlüssel zu aktuellen Liedern werden und diese zu hilfreichen Wegbegleitern machen.

„Feiert Jesus! to pray" bietet eine erfreuliche thematische Vielfalt und regt auf diese Weise an, die vielfältigen Facetten des Glaubens wahrzunehmen und im Alltag zu erleben. Oft begegnet uns Jesus auf gewohnten Pfaden. Immer wieder überrascht er uns aber auch mit neuen Einsichten und spannenden Aussichten. Auf unterschiedlichste Weise erleben wir – um es mit einem Lied dieses Buches zum Ausdruck zu bringen – „Du tust mir an meiner Seele gut!"

„Feiert Jesus!" – Das ist nicht einfach ein Motto, es ist nicht nur ein Lebensstil, es ist ein Lebensziel! David Schnitter hilft uns, dieses Ziel im Trubel des Alltags im Auge zu behalten.

Ich freue mich, wenn dieses Buch viele Menschen ermutigt, Jesus auf vielfältige Weise zu entdecken und mit ihm im lebendigen Gespräch zu bleiben.

Klaus Göttler

AUF DER SUCHE NACH HEIMAT

Ich schaue hinauf zu den Bergen, woher wird meine Hilfe kommen? Meine Hilfe kommt vom Herrn, der Himmel und Erde gemacht hat.

Psalm 121,1-2

1 DU TUST

Meine Seele sucht Heimat
Mein Herz sucht Glück
Doch wo immer ich hingeh
Geht's mal vor und mal zurück
Ich sehn mich nach Frieden
Was ich auch tu
Am Ziel meiner Suche stehst du

Mein Freudeschenker, mein Heimatgeber
Mein Glücklichmacher, mein Schuldvergeber
Mein Friedensbringer, mein Worteinhalter
Mein Liebesspender bist du

Du tust im Innern meiner Seele gut
Du tust, was Balsam auf den Wunden tut
Und du suchst mich
Wenn ich mich in mir verlier

Meine Sehnsucht nach Liebe
Ist täglich da
Doch ich kann nirgends finden
Was ich bei dir sah
Meine Schuld braucht Vergebung
Was ich auch tu
Am Ende des Weges stehst du

Der Beginn einer Reise

Herzlichen Glückwunsch! Mit dem ersten Kapitel dieses Buches stehst du am Anfang einer abenteuerlichen Reise. Was auch immer dich bewegt hat, dieses Buch heute aufzuschlagen, eins ist sicher: Gott will dir begegnen, er will dich beschenken mit Freude, Frieden, Liebe und Heimat. Vielleicht war dein Leben in letzter Zeit ein Riesendurcheinander, vielleicht läuft bei dir gerade alles wie am Schnürchen – ganz gleich, wo du gerade herkommst: Du kannst Gott in allen Lebenslagen antreffen und erfahren.

Als die Israeliten um 500 v. Chr. aus dem babylonischen Exil zurückgekommen waren und den zweiten Tempel aufgebaut hatten, fingen sie an ihre Anbetungslieder zu sammeln und in einem Buch festzuhalten. Nein, nicht Feiert Jesus, sondern Tehillim, die Psalmen. Die Psalmen sind erstaunlich, weil sie uns deutlich machen, dass Anbetung mehr ist als Musik oder ein Gefühl. Es geht darum, vor Gott ehrlich zu sein – in allen Lebenslagen. Manche Psalmen preisen Gott für seine Herrlichkeit, andere danken ihm für das, was er getan hat, und wieder andere sind klagende Hilferufe aus der Not.

Da sind wir herausgefordert. Wir sollten vor Gott in allen Situationen ehrlich sein – ehrliche Anbetung. Mit dieser Gesinnung wollen wir uns auf die Reise machen. Am Ende des Weges steht er, der hält, was er verspricht. Und wenn wir anfangen, uns in uns selbst zu verlieren, dann kommt er in seiner Gnade und Barmherzigkeit und ruft nach uns, so wie er einst nach Adam gerufen hat: „Mensch, wo bist du?“ Lass dich von ihm finden. Komm zu ihm, er will dir deinen Hunger nach Frieden und Freude stillen.

Von ihm für dich

Maria erwiderte: „Gelobt sei der Herr! Wie freue ich mich an Gott, meinem Retter! Er hat seiner unbedeutenden Magd Beachtung geschenkt, darum werden mich die Menschen in alle Ewigkeit preisen. Denn er, der Mächtige, ist heilig, und er hat Großes für mich getan. Seine Barmherzigkeit gilt von Generation zu Generation allen, die ihn ehren. Sein mächtiger Arm vollbringt Wunder! Wie er die Stolzen und Hochmütigen zerstreut! Er hat Fürsten vom Thron gestürzt und niedrig Stehende erhöht. Die Hungrigen hat er mit Gutem gesättigt und die Reichen mit leeren Händen fortgeschickt. Und nun hat er seinem Diener Israel geholfen! Er hat seine Verheißung nicht vergessen, barmherzig zu sein, wie er es unseren Vorfahren – Abraham und seinen Kindern – immer verheißen hat.“

Lukas 1,46-55

Nachgedacht

- Maria schätzte sich selbst als unbedeutend und unbeachtet ein. Doch Gott sah sie, das einfache Mädchen aus Nazareth, und hatte Großes mit ihr vor. Vielleicht möchtest du Gott heute ehrlich sagen, wie du dich fühlst. Erzähl ihm, wie es dir in letzter Zeit ergangen ist. Du kannst dir sicher sein, dass er sich dafür interessiert. Sag ihm auch, dass du seinen mächtigen Arm, der Wunder vollbringen kann, erfahren möchtest. Sag ihm, dass du bei ihm Heimat finden möchtest.

- In Marias Lobgesang lesen wir, wie sie überwältigt war von Gottes Barmherzigkeit. Sie wurde unverdient beschenkt. Für welche Dinge kannst du ihm dankbar sein? Wo hat er dich unverdient beschenkt? Jeder freut sich über Dankbarkeit, darum rede mit ihm und bedanke dich für das, was er für dich getan hat.

To Pray

„Himmlischer Vater,
ich danke dir, dass ich bei dir zu Hause sein kann.
Ich danke dir, dass ich bei dir Ruhe und Frieden finde.
Du siehst, was mich in letzter Zeit bewegt und beschäftigt hat.
Du siehst auch meine Sehnsucht nach dir.
Ich bitte dich, dass du, wie Balsam auf einer Wunde, mein Leben neu erfüllst mit deinem Geist.
Ich bin gespannt auf diese Reise
und darauf, was du mit mir vorhast.
Amen."

2 HERR, SEI GNÄDIG

Oft hab ich vergessen, was Jesus mir gesagt hat
Von der Glut im Herzen blieb nur Flimmern in der Nacht
Hab aus Zweifel dich verlassen und ging auf fremden Wegen
Vergib, dass ich so untreu war und brenne neu in mir

Herr, sei gnädig
Sei mir gnädig
Christus, sei mir gnädig

Ich hab angebetet was durch Menschenhand entstand
Und mit jedem Irrweg kam ich weiter von dir ab
Wenn ich jetzt zurückkehr zu der Gnade, die nie aufhört
Dann vergib die Sünden, dass ich dich neu lieben kann

Wollte dich gern kennen, deine große Liebe
Die Vergebung ohne Ende, die aus deiner Güte fließt
Ich will mich vor dir neigen, deine Gegenwart erfahren
Lass deine Gnade leuchten wie ein Feuer in der Nacht

Jesus kommt zum Abendessen

In der Bibel lesen wir von Zachäus, dem kleinen, reichen Steuereintreiber aus Jericho. Vielleicht wurde er als Kind in der Schule wegen seiner Größe gehänselt, und deshalb verbündete er sich mit einem Stärkeren: Rom. Er arbeitete für die Römer, die Israel besetzt hatten, wurde steinreich, einsam und unglücklich. Seine Landsleute verachteten ihn, weil er nicht nur für die Römer, sondern auch für sich selbst kassierte. Als Jesus in die Stadt kam, wollte Zachäus ihn auch sehen. Wegen seiner Körpergröße kletterte er auf einen Baum, um besser sehen zu können. Und er wurde gesehen – von Jesus: „Zachäus, komm schnell herunter!"

Zachäus dachte wohl bei sich: „Oh nein, jetzt krieg ich eine Standpredigt." Und alle Menschen in der Stadt dachten bei sich: „Sehr gut. Jetzt wird der Messias dem Zachäus sagen, dass er ein Sünder ist." Aber Jesus sagte dann: „Ich will heute bei dir zu Abend essen." Damit hat wohl keiner gerechnet: Der Sohn Gottes zu Gast bei einem Sünder? Zachäus ließ sich nicht zweimal bitten. Er wusste, ihm war vergeben worden, und so nahm er Jesus bei sich zu Hause auf.

Wenn wir wissen, wie viel uns vergeben wurde, nehmen wir Jesus bei uns zu Hause auf. Wir dürfen zu ihm kommen und ihn um Vergebung bitten – egal was war. Selbst wenn wir uns an der ganzen Stadt versündigt haben: Seine Gnade hört nie auf, seine Vergebung hat kein Ende, seine Barmherzigkeit ist größer als alles, was uns von ihm trennt. Und wenn wir zu ihm kommen und beten: „Herr, sei mir gnädig“, dann freut er sich und sagt zu uns: „Ich will Gast in deinem Haus sein.“

Von ihm für dich

Als Jesus kam, blickte er zu Zachäus hinauf und rief ihn beim Namen: „Zachäus“, sagte er, „komm schnell herunter! Denn ich muss heute Gast in deinem Haus sein.“ Zachäus kletterte, so schnell er konnte, hinunter und geleitete Jesus voller Freude und Aufregung in sein Haus. Doch den Leuten in der Menge gefiel das nicht. „Bei einem berüchtigten Sünder kehrt er als Gast ein“, murrten sie. Währenddessen stellte sich Zachäus vor den Herrn hin und sagte: „Herr, ich werde die Hälfte meines Reichtums den Armen geben, und wenn ich die Leute bei den Steuern betrogen habe, werde ich es ihnen vierfach erstatten!“ Jesus erwiderte: „Heute hat dieses Haus Rettung erfahren, denn dieser Mann hat sich als Sohn Abrahams erwiesen. Der Menschensohn ist gekommen, um Verlorene zu suchen und zu retten.“

Lukas 19, 5-10

Nachgedacht

- Jesus kam, um die Verlorenen zu retten. Zachäus war verloren, aber er durfte Vergebung erfahren. Die Leute in der Menge hielten sich bereits für errettet, und deshalb hat sie Jesus nicht nach einem Abendessen gefragt. Wo stehst du? Bist du mitten in der Menge oder sitzt du auch auf einem Baum? Bete und sag ihm einfach: „Herr, sei mir Sünder gnädig."

- Zachäus wurde nicht vergeben, nachdem er versprochen hatte, alles zurückzuzahlen. Ihm wurde vergeben, als Jesus ihm zurief, vom Baum herunterzuklettern. Zachäus' Versprechen, das Unrecht wieder in Ordnung zu bringen, war eine Reaktion auf die Vergebung. Ihm wurde vergeben, und er wollte von nun an gehorsam sein. Wenn du Jesus um Gnade gebeten hast, dann hat er dir auch vergeben. Gibt es etwas, was du nun mit anderen Menschen in Ordnung bringen solltest? Gibt es einen Bereich in deinem Leben, in dem du Jesus gehorsam sein möchtest?

To Pray

„Herr Jesus,
ich komme zurück zu dir.
Danke, dass du mich siehst
auch wenn es sonst keiner tut.
Herr, ich bin von dir weggelaufen,
nun möchte ich zurückkehren.
Herr, ich lade dich zu mir ein.
Sei mir gnädig und vergib mir meine Schuld.
Es tut mir leid, dass ich gedacht habe,
ohne dich zurechtzukommen.
Du sollst von nun an wieder der Herr in meinem Leben sein.
Amen."

3 WASSER DES LEBENS

Wasser des Lebens fließt wie ein Strom
Vom Himmel her, von Gottes Thron
Es überflutet das dürre Land
Das ist der Segen aus Gottes Hand

So weit, so klar, so tief und so nah
Im Strom der Gnade schwimme ich
Und deine Liebe fließt durch mich
So weit, so klar, so tief und so nah
So wie ein grenzenloses Meer
Ist deine Güte um mich her

Nimm meine Hände, nimm meinen Geist
Nimm, was ich habe, nimm, was ich weiß
Und still diese Sehnsucht ganz tief in mir
Denn das, was gut ist, kommt, Gott, von dir

Der Strömung hinterher

In Apostelgeschichte 2 lesen wir, wie der Heilige Geist zu den Gläubigen kam und sie erfüllte, begabte und befähigte. Für rational denkende Menschen ist es schwer, den Heiligen Geist zu verstehen oder zu begreifen, eben weil er Geist ist und damit unfassbar. Die Bibel benutzt verschiedene Bilder, damit wir uns eine Vorstellung vom Heiligen Geist machen können. Jesus sagt zum Beispiel, dass der Heilige Geist wie der Wind ist, der weht, wo er will. Und der Prophet Hesekiel vergleicht den Heiligen Geist mit einem Wasserstrom, der immer gewaltiger wird.

Wasser ist lebensnotwendig, Wasser erfrischt, Wasser gibt Kraft, Wasser schenkt Frucht, Wasser heilt Wunden, Wasser befähigt. So ist auch der Heilige Geist. Wenn wir als Jesusnachfolger leben und durchhalten wollen, schaffen wir das gar nicht ohne den „Strom" des Heiligen Geistes. Wir brauchen nicht als Beobachter am Ufer zu stehen, wir dürfen gewissermaßen „ins Wasser" springen! Aber komischerweise haben wir einen Riesenrespekt, ja, fast eine Angst vor dem Heiligen Geist und wir trauen uns nicht, uns auf ihn einzulassen. Zugegeben, es ist ja auch nicht ganz ohne, wenn wir uns selbst loslassen und in einen mitreißenden Strom springen.

Oft sitzen wir da und haben Durst nach erfülltem Leben und lassen das lebendige Wasser des Heiligen Geistes an uns vorüberziehen – und vor lauter Angst, vom Wasser des Lebens zu trinken, trocknen wir aus.

Sei ermutigt. Durch den Heiligen Geist möchte Gott dir die Fülle schenken. Widersetze dich nicht dem Heiligen Geist und seinem Wirken. Gib dich ihm ganz hin. Es ist gut zu beten: „Nimm meine Hände, nimm meinen Geist, nimm, was ich habe, nimm, was ich weiß. Still die Sehnsucht ganz tief in mir."

Von ihm für dich

Dann brachte der Mann mich zurück zum Eingang des Tempels. Dort sah ich, wie unter der Schwelle des Tempels Wasser hervorströmte und nach Osten floss – denn die Vorderseite des Tempels zeigte nach Osten. Das Wasser lief unten an der südlichen Seitenwand, südlich vom Altar, hinab. Der Mann brachte mich durch das nördliche Tor und führte mich außen herum zum äußeren östlichen Tor. Dort sah ich, dass das Wasser aus der südlichen Seitenwand herausfloss. Der Mann hatte eine Messrute in der Hand und ging nach Osten. Und er maß 1.000 Ellen ab und ließ mich durch das Wasser gehen. Das Wasser reichte mir bis zum Knöchel. Er maß weitere 1.000 Ellen ab und ließ mich wieder durch das Wasser gehen. Diesmal ging es mir bis ans Knie. Er maß noch einmal 1.000 Ellen ab und ließ mich wieder hindurchgehen. Es reichte mir nun bis zur Hüfte. Dann maß er noch einmal 1.000 Ellen ab, und da war es ein Strom, so tief, dass ich nicht mehr hindurchgehen konnte. Der Fluss konnte nur noch schwimmend durchquert werden, man konnte nicht mehr hindurchgehen.

Hesekiel 47,1-5

Nachgedacht

✦ Der Strom in Hesekiels Vision hat seine sprudelnde Quelle am Altar, dem Ort, an dem geopfert wird. Genauso hat der Heilige Geist seine Quelle am Kreuz, dem Ort, an dem Jesus geopfert wurde. Der Fluss wird dann immer breiter und tiefer, erst knöcheltief, dann knietief, dann bis zur Hüfte und schließlich bis über den Kopf. Wo stehst du im Strom des Heiligen Geistes? Sitzt du irgendwo am Uferrand und lässt nur deine Zehen ins Wasser hängen? Stehst du bis zu den Knien im Wasser? Oder hindert dich etwas daran, mit allem, was du hast und bist, ins Wasser zu springen und dich der Kraft Gottes hinzugeben? Bete zu Gott und bitte ihn, dir zu zeigen, was dich zurückhält. Und bitte ihn, dir zu helfen diese Dinge auch loszulassen, so dass du seine Fülle erfahren kannst.

✦ Wenn du ins Wasser springst, weißt du nicht, wo der Strom dich hintragen wird. Bist du bereit, Gott die Kontrolle über dein Leben zu geben? Traust du ihm zu, dass er weiß, wo es hingeht? Oder willst du doch lieber deinen eigenen Zielen folgen? Gott möchte mehr als nur deine Anwesenheit in Gottesdiensten und Gemeindeveranstaltungen. Er möchte dein ganzes Leben. Vielleicht merkst du gerade, dass es mal wieder dran ist, Gott das Steuer deines Lebens zu überlassen. Bete und lege dein Leben vor ihm hin. Bitte ihn dich zu führen, so wie er es will. Spring in den Strom.

To Pray

„Gott, ich möchte dir danken
für das Geschenk des Heiligen Geistes.
Danke, dass du mir Leben in Fülle geben willst.
Herr, du siehst meine Furcht vor dem
Ungewissen.
Hilf mir, dir mehr zu vertrauen.
Hilf mir, mich deiner Führung hinzugeben.
Hilf mir, „ins Wasser“ zu springen.
Ich möchte das erfahren, was du für mich
geplant hast, und in deinem Strom der Gnade
schwimmen.
Danke für deine Güte und für deinen guten Plan.
Amen.“

SO IST GOTT

Der Herr, unser Gott, ist der einzige Herr. Und ihr sollt den Herrn, euren Gott, von ganzem Herzen, von ganzer Seele und mit eurer ganzen Kraft lieben.

5. Mose 6, 4-5

4 SO GROSS IST DER HERR

Ein König voller Pracht
Voll Weisheit und voll Macht
Die Schöpfung betet an
Die Schöpfung betet an
Er kleidet sich in Licht
Das Dunkel hält ihn nicht
Und flieht, sobald er spricht
Und flieht, sobald er spricht

So groß ist der Herr, singt mit mir
So groß ist der Herr, ihn preisen wir
So groß, so groß ist der Herr

Von Anbeginn der Zeit
Bis in die Ewigkeit
Bleibt er derselbe Gott
Bleibt er derselbe Gott
Als Vater, Sohn und Geist
Den alle Schöpfung preist
Als Löwe und als Lamm
Als Löwe und als Lamm

Sein Name sei erhöht
Denn er verdient das Lob
Wir singen laut: So groß ist der Herr

Sehr, sehr, sehr, sehr groß

Gott ist größer, als wir uns vorstellen können. Punkt. Das liest sich so wahrscheinlich ziemlich nüchtern, ist aber eine alles verändernde Erkenntnis. Gottes Wesen übersteigt jedes menschliche Vorstellungsvermögen. Wir dürfen ihn zwar durch seine Selbstoffenbarungen kennen lernen, aber er ist dennoch unbegreiflich. Seine Pracht, Weisheit, Macht und Herrlichkeit sind unfassbar. Er ist so groß, dass ihn die ganze Schöpfung anbetet. Die Bibel sagt, dass sogar die Steine seinen Namen rufen und dass die Bäume vor Freude in die Hände klatschen.

Und wir Menschen haben das Vorrecht unsere Anbetung und Ehrfurcht in Worten formulieren zu können. Mehr noch: Wir dürfen richtig kreativ werden, um seinen Namen zu erhöhen. Denn er verdient das Lob! In London steht ein faszinierendes Gebäude, die St. Paul's Kathedrale. Wenn man diese Kirche betritt, bleibt einem unwillkürlich der Mund vor Staunen offen stehen: Der Raum ist so groß wie zwei Fußballfelder und die Domkuppel über dem Altar wiegt 65.000 Tonnen. In dieser gewaltigen Kathedrale fühlt man sich wie eine kleine Ameise. St. Paul's ist ein architektonisches Kunstwerk, und doch schafft es dieses Gotteshaus nicht einmal im Ansatz, die Größe Gottes selbst zu offenbaren.

Wenn wir nach oben schauen, über den Dom von St. Paul's hinaus, bis zum Himmel und dann noch weiter, dann flüstern wir nur leise und voller Ehrfurcht: Unser

Herr ist sehr, sehr, sehr, sehr groß. Und wir merken gleichzeitig, wie klein wir sind. Staunend schauen wir auf zu ihm, dem mächtigen und herrlichen Gott, der den Kosmos steuert und sich gleichzeitig um die Kleinigkeiten in unserem Leben kümmert. Mehr noch: Uns bleibt vor Staunen der Atem stehen, wenn wir daran denken, dass Gott uns begegnen möchte und dass wir ihn kennen und lieben dürfen.

Von ihm für dich

> Dann lobte David den Herrn vor allen Versammelten: „Herr, Gott unseres Stammvaters Israel, gepriesen seist du für immer und ewig! Dein, Herr, sind Größe, Macht, Herrlichkeit, Ruhm und Hoheit. Alles im Himmel und auf der Erde gehört dir; dein ist das Reich, Herr. Wir beten dich an als den Herrn über alles. Reichtum und Ehre kommen allein von dir, denn du bist Herr über alles. Macht und Stärke verleihst du dem, den du groß und mächtig machen willst. Gott, wir danken dir und preisen deinen herrlichen Namen. Denn wer bin ich, und was ist mein Volk, dass wir dir etwas geben könnten? Alles, was wir haben, stammt von dir; wir geben dir nur, was du zuvor uns geschenkt hast."
>
> 1. Chronik 29,10-14

Nachgedacht

- Obwohl Worte nicht ausreichen, um Gott für seine Größe und Herrlichkeit anzubeten, öffnete David seinen Mund, um sein Staunen und seine Ehrfurcht auszudrücken. Wenn du über Gottes Pracht und Größe nachdenkst, was möchtest du ihm sagen? Preise Gott im Gebet für seine Herrlichkeit; Worte werden nicht ausreichen, aber versuch trotzdem deine Anbetung zu formulieren.

- David betete dieses Dankgebet, nachdem die Israeliten viele Kostbarkeiten für den Tempelbau gespendet hatten. Er und das Volk Israel wussten, dass Gott unbeschreiblich groß ist und dass ihm nichts auf dieser Welt das Wasser reichen kann. Trotzdem wollten sie ihm ihr Bestes geben. Alles, was sie hatten, hatten sie sowieso von ihm. Was hast du von Gott bekommen, das du ihm zurückgeben kannst? Was wäre das für eine Anbetung, wenn du ihm mehr bringst als Worte? Was wäre das für eine Anbetung, wenn du ihm das gibst, was dir lieb ist?

„Gott, ich bete dich an
weil du so viel mehr bist, als ich denken kann.
Ich bete dich an,
Herr, du bringst mich zum Staunen.
Ich lobe dich, denn du bist groß und herrlich.
Du bist ein wunderbarer König,
der voller Weisheit und Macht herrscht.
Ich danke dir, dass ich dich kennen darf,
obwohl ich nur ein kleiner Mensch bin.
Und trotzdem bin ich doch sehr stolz darauf,
denn in dir allein finde ich meinen Wert.
Amen."

5 GOD OF WONDERS

Herr der ganzen Schöpfung
Des Wassers, der Erde und des Himmels
Im Himmel hast du deine Wohnungen
Ehre sei dir in der Höhe

Gott der Wunder, weiter als die Galaxie
Du bist heilig, heilig
Das ganze Universum zeugt von deiner Majestät
Du bist heilig, heilig
Herr des Himmels und der Erde
Herr des Himmels und der Erde

Früh am Morgen
Will ich dein Licht feiern
Und wenn ich im Dunkeln stolpere
Werde ich in der Nacht nach deinem Namen rufen

Halleluja dem Herrn des Himmels und der Erde
Halleluja dem Herrn des Himmels und der Erde
Halleluja dem Herrn des Himmels und der Erde

(freie Übertragung des englischen Liedtextes)

Schöpfer aller Dinge

Warum schuf Gott über 350 Milliarden Galaxien, die doch für uns Menschen überhaupt nicht sichtbar sind? Warum schuf Gott die Raupe, die allein in ihrem Kopf 228 verschiedene Muskeln hat? Warum schuf Gott die Ulme, die im Durchschnitt etwa 6 Millionen Blätter trägt? Warum schuf Gott Hunderte von verschiedenen Bananensorten? Warum hat er sich so etwas Geniales wie Fotosynthese ausgedacht? Warum gab er uns allen so verschiedene Lachtöne (manche quieken, andere blöken, wieder andere schnarchen)?

Die Schöpfung ist enorm. Warum diese Vielfalt? Warum diese Kreativität? In Kolosser 1,16 lesen wir, dass alles für Christus, also für Gott selbst, geschaffen wurde: „Durch Christus hat Gottes alles erschaffen, was im Himmel und auf der Erde ist. Er machte alles, was wir sehen, und das, was wir nicht sehen können, ob Könige, Reiche, Herrscher oder Gewalten. Alles ist durch ihn und für ihn geschaffen." Gott hat geschaffen, damit die Schöpfung ihn anbetet. Ist es da nicht komisch, dass wir menschlichen Geschöpfe so leben, als ob Gott für uns geschaffen wurde, um uns zu beschützen, um uns zu segnen und sich um unsere Familien und Freunde zu kümmern?

Und noch seltsamer ist, dass wir unseren Schöpfer hinterfragen. „Gott, warum hast du mich so geschaffen?", „Gott, warum gabst du mir ausgerechnet diese Familie?", „Gott, warum müssen so viele Menschen auf der Welt hungern?" Wenn wir so fragen, scheint es, als ob wir es besser wissen als der, der sich alles um uns herum ausgedacht hat. Wenn einer das Recht hat zu fragen, warum so viele Menschen hungern müssen, dann ist es er – nicht wir. Wir tun gut daran, uns immer wieder zu erinnern, wer der Herr der ganzen Schöpfung ist.

Von ihm für dich

> Mit meiner Seele will ich den Herrn loben. Herr, mein Gott, du bist sehr groß! In Ehre und Herrlichkeit bist du gekleidet und Licht umgibt dich wie ein Gewand. Du spannst den Himmel aus wie eine Zeltdecke und errichtest über den Wolken deine Wohnung. Herr, welche Vielfalt hast du geschaffen! In deiner Weisheit hast du sie alle gemacht, die Erde ist voll von deinen Geschöpfen. Der Herr hat Freude an dem, was er geschaffen hat! Wenn der Herr die Erde ansieht, dann erbebt sie, wenn er die Berge berührt, dann rauchen sie. Ich will dem Herrn singen, solange ich lebe. Ich will meinen Gott loben, solange ich auf Erden bin. Meine Gedanken sollen ihn erfreuen, denn auch ich freue mich am Herrn.
>
> Psalm 104, 1-3, 24, 31-34

Nachgedacht

- ✦ Nimm dir die nächsten Tage mal die Zeit und geh raus in die Natur – sei es ein Feldweg, ein See oder der Stadtpark. Die Natur ist nicht Gott, aber sie ist ein Hinweis auf seine Existenz. Und wenn du da bist, dann schau dir seine Schöpfung an. Die großen, offensichtlichen Dinge ebenso wie die kleinen Details. Und dann rede mit dem Schöpfer und sag ihm Danke, dass du Teil dieser wunderbaren Schöpfung sein kannst. Bring ihm deine Anbetung – denn auch du bist für ihn und zu seiner Ehre geschaffen.

- ✦ Gott ist der Schöpfer und der Herr der ganzen Schöpfung, nicht wir. Hast du in letzter Zeit vielleicht die Rollen mit ihm tauschen wollen und so gelebt, als ob du besser weißt, wie der Laden zu laufen hat? Hast du Gott vielleicht hinterfragt? Bete und sei ehrlich vor ihm. Sag ihm, was dir schwerfällt, und dann komm wieder auf den Boden der Tatsachen zurück: Er ist der Herr, nicht du. Sei mutig und vertraue ihm, dem Gott der Wunder.

To Pray

„Gott, ich staune über deine Schöpfung.
Ich staune über deine Kreativität
und wie du alles ganz besonders geschaffen hast.
Du bist unvergleichlich genial!
Darum bist du auch der Herr der ganzen
Schöpfung.
Herr, es tut mir Leid,
wenn ich mich selbst zum Herrn gemacht habe
und dich herumkommandieren wollte.
Von nun an sollst du wieder der Herr sein,
nicht ich.
Ich möchte einfach ein Teil der Schöpfung sein,
an dem du Freude hast.
Amen.“

6 HERR, ÖFFNE DU MIR DIE AUGEN

Herr, öffne du mir die Augen
Herr, öffne du mir das Herz
Ich will dich sehen, ich will dich sehen

Ich will dich sehn in deiner Pracht
Leuchtend, erhoben und herrlich
Gieß aus deine Liebe und Macht
Wir singen: Heilig, heilig, heilig

Heilig, heilig, heilig
Heilig, heilig, heilig
Heilig, heilig, heilig
Ich will dich sehen

Herr, öffne du mir die Augen: Originaltitel: Open The Eyes Of My Heart;
Text & Melodie: Paul Baloche, Dt. Text: Daniel Jacobi; © 1997 Integrity's Hosanna! Music;
Für D, A, CH: Gerth Medien Musikverlag, Asslar
Aus: „Feiert Jesus! 2" Nr. 101

Gott ist eigenartig

Zugegeben, wenn wir Gott wirklich in all seiner Pracht und Herrlichkeit sehen würden, dann würde uns nicht nur der Mund offen stehen bleiben. Dem Mose hat Gott gesagt, dass jeder Mensch, der sein Gesicht sieht, sterben muss. So heilig ist er! Mose hat nur Gottes Schatten an sich vorbeiziehen sehen und danach glänzte sein eigenes Gesicht so stark, dass sich die anderen Israeliten fürchteten!

Wenn wir sagen, dass Gott heilig ist, sagen wir im Prinzip nichts anderes, als dass Gott in allem anders ist als wir menschliche Wesen. Er ist besonders, einzigartig, außergewöhnlich, übernatürlich – im Grunde eigenartig. Und weil er so besonders anders ist, können wir nicht mal im Ansatz begreifen, wer er eigentlich ist. Im alten Israel galt eine Aussage, die dreimal wiederholt wird, als Vollkommenheit. Wenn wir also „heilig, heilig, heilig" singen, sagen wir damit, dass Gott vollkommen einzigartig ist und dass man nichts mit ihm vergleichen kann.

Ist das nicht großartig, dass wir einen Gott anbeten, den wir nicht mal begreifen können? Ist es nicht großartig, dass wir einen Gott anbeten, den wir mit Worten gar nicht beschreiben können, und darum einfach sagen: „Heilig, heilig, heilig"? Und dieser gewaltige Gott kam uns doch ganz nah. Er wurde Mensch und lebte unter uns – sichtbar für alle. Weil wir seine Größe nicht fassen können, machte er sich für uns anfassbar. Nun laufen wir jedoch Gefahr, aus Gott einen kleinen Hosentaschengott zu formen, den wir kontrollieren können. Aber Gott ist immer noch größer! Deshalb ist es gut, Gottes Größe und Pracht zu suchen, leuchtend, erhoben und herrlich.

Von ihm für dich

In dem Jahr, als König Usija starb, sah ich den Herrn. Er saß auf einem hohen Thron und war erhöht und der Saum seines Gewandes füllte den Tempel. Über ihm schwebten Seraphim, jeder hatte sechs Flügel. Mit zwei Flügeln bedeckten sie ihre Gesichter, mit zweien ihre Füße und mit dem dritten Paar flogen sie. Sie riefen einander zu: „Heilig, heilig, heilig ist der Herr, der Allmächtige! Die Erde ist von seiner Herrlichkeit erfüllt!" Dieses Rufen ließ die Fundamente der Vorhalle erzittern und der Tempel wurde mit Rauch erfüllt. Da sagte ich: „Mir wird es furchtbar ergehen, denn ich bin ein Mann mit unreinen Lippen, inmitten eines Volkes mit unreinen Lippen. Ich werde umkommen, denn ich habe den König, den Herrn, den Allmächtigen, gesehen!" Doch einer der Seraphe flog zu mir, er hielt ein Stück glühende Kohle in seiner Hand, das er mit einer Zange vom Altar genommen hatte. Damit berührte er meinen Mund und sagte:

„Sieh, dies hat deine Lippen berührt. Jetzt ist deine Schuld getilgt; deine Sünden sind dir vergeben."

Jesaja 6,1-7

Nachgedacht

✦ Jesaja war im Tempel und trauerte über den Tod des Königs. Seine Körperhaltung war gebeugt. Doch als er Gottes Herrlichkeit sah, schaute er nach oben. Gibt es gerade Dinge in deinem Leben, die dich eher niederschmettern als erbauen? Bete zu Gott und erzähle ihm von diesen Dingen. Bitte ihn, seine Liebe über dich auszugießen, so dass du wieder aufsehen kannst.

✦ Als Jesaja Gottes Herrlichkeit und vollkommene Heiligkeit sah, wurde ihm auch gleich bewusst, dass er selbst unvollkommen war: Er war ein Sünder mit unreinen Lippen. Wenn du Gottes Herrlichkeit siehst, welche Dinge siehst du in deinem Leben, die vergeben und geheiligt werden sollten? Bete zu Gott und bekenne ihm diese Dinge. Er wird dir vergeben. Der Altar, also der Ort, an dem für unsere Sünde geopfert wurde, ist das Kreuz Jesu. Dort wird deine Schuld vergeben.

To Pray

„Gott, ich bete dich an, denn du bist heilig.
Ich bin nur ein kleiner Mensch und kann nicht greifen, wie groß und herrlich du bist.
Ich möchte dich jedoch bitten,
dass du mir immer mehr zeigst,
wer und wie du bist.
Danke, dass ich dich kennen lernen darf.
Danke, dass du mir vergibst,
so dass ich vor dir bestehen kann.
Ich bitte dich, dass du wegnimmst, was zwischen uns steht.
Ich will dich sehen in deiner Pracht.
Amen.“

7 TREU

Du bleibst an meiner Seite
Du schämst dich nicht für mich
Du weißt, ich bin untreu
Und dennoch gehst du nicht
Du stehst zu unsrer Freundschaft
Obwohl ich schwierig bin
Hältst du mir die Treue
Gehst mit mir durch dick und dünn

Du bist treu, Herr, an jedem neuen Tag
Du bist treu, Herr
Auch wenn ich versag bist du treu, Herr
Unerschütterlich hält deine Treue mich
Du bleibst mir treu

Hesed-Liebe

Im Alten Testament lesen wir von einem Mann, der hieß Hosea. Er war Anfang 20, als er anfing für Gott zu arbeiten. Er war ein Prophet und Gott hatte eine schwierige Prüfung für ihn. Er sollte Gomer, eine Prostituierte, heiraten! Stellen wir uns das mal vor. Hosea war kein Crack-Junkie oder so, sondern ein Mann Gottes. Er hatte sicher auch seinen Stolz. Und Gomer gehörte zum Abschaum der Gesellschaft, unrein, schmutzig, verbraucht. In der Bibel wird uns nichts davon berichtet, wie Hosea sich dabei gefühlt hat. Wir lesen nur davon, dass Hosea Gott gehorsam war und Gomer heiratete. Er lernte, sie zu lieben. Das hebräische Wort, das hier für Liebe benutzt wird, ist das Wort Hesed. Und diese Hesed-Liebe beschreibt nicht Gefühle, Schmetterlinge oder ein Kribbeln im Bauch, sondern eine andere, tiefere Dimension der Liebe. Hesed beschreibt eine Liebe, die geprägt ist von Treue, Loyalität, Verbindlichkeit und Vertrauen.

Hosea und Gomer bekommen drei Kinder, aber dann lesen wir, dass Gomer fremdgeht und mit einem anderen Mann in der Kiste landet. Wie muss sich Hosea gefühlt haben! Er hat diese Frau angenommen, sie geliebt, sich um sie gekümmert, sie auf Händen getragen. Er war ihr treu, hat ein verbindliches Eheversprechen eingehalten und ihr vertraut. Und jetzt geht sie fremd! Das muss ihm doch das Herz gebrochen haben. Hosea hatte ein gutes Recht, Gomer einfach rauszuschmeißen. Doch Gott sagt zu Hosea: „Vergib ihr, und nimm sie wieder nach Hause und höre nicht auf sie zu lieben!" Und wieder ist Hosea gehorsam und nimmt Gomer erneut auf und liebt sie mit dieser tiefen Hesed-Liebe. Eine unglaubliche Geschichte!

Gott gebraucht die Geschichte von Hosea, um eine ganz wichtige Botschaft weiterzugeben. Wir Menschen sind oft wie Gomer – wir gehen Gott fremd und vergnügen uns woanders. Und Gott ist wie Hosea, der uns nicht nur annimmt, sondern uns auch mit der Hesed-Liebe liebt. Gott vergibt, auch wenn wir fremdgegangen sind. Gott ist treu, auch wenn wir untreu sind. Gott hält seine Versprechen, auch wenn wir ihm das Herz brechen. Ist das nicht unglaublich? Wenn wir anfangen Gottes Treue zu begreifen, dann fangen wir an darüber zu staunen und dafür dankbar zu werden. Und wir merken, dass wir seine Treue nicht missbrauchen wollen, sondern dass wir ihm auch treu sein wollen. Und wenn dann schwierige Zeiten auf uns zukommen, können wir auf seine Gnade bauen.

Von ihm für dich

Dennoch will ich mir dies zu Herzen nehmen,
das will ich hoffen: Die Gnade des Herrn
nimmt kein Ende! Sein Erbarmen hört nie auf,
jeden Morgen ist es neu. Groß ist seine Treue.
Meine Seele spricht: „Der Herr ist mein Anteil,
auf ihn will ich hoffen." Der Herr ist gut zu
denen, die auf ihn warten und ihn suchen.

Deshalb ist es gut, still zu werden und auf die Befreiung durch den Herrn zu warten.

Klagelieder 3,21-26

Nachgedacht

- Gott ist treu, auch wenn wir untreu sind. Wenn du über dein eigenes Leben nachdenkst, gab es da in letzter Zeit Momente, in denen du dich von Gott entfernt hast? Die Bibel sagt uns, dass Gott ein eifersüchtiger Gott ist, der keine anderen Götter neben sich duldet. Gibt es Dinge in deinem Leben, die dir wichtiger wurden als Gott? Sprich einfach mal im Gebet darüber und bekenne ihm diese Dinge. Bitte ihn um Vergebung. Dann kannst du dir gewiss sein, dass er dich annimmt, dir vergibt und dich mit seiner Hesed-Liebe lieben wird.

- Vielleicht bist du im Moment in einer Situation, in der du ohne Gottes Treue keinen Zentimeter mehr weiterkannst. Du merkst, du bist auf seine Hilfe angewiesen. Du weißt im Kopf, dass er dir treu ist, aber es scheint so, als ob er gerade weit weg ist. Du darfst wissen, dass Gott gut zu denen ist, die auf ihn warten. Bitte Gott, dir zu helfen. Erinnere ihn an sein Versprechen, dir treu zu sein. Und dann warte und hoffe auf die Befreiung durch den Herrn.

To Pray

„Gott, ich danke dir für deine Treue.
Ich danke dir für die Hesed-Liebe,
mit der du mich liebst.
Herr, du siehst, wie oft ich dir doch untreu bin.
Ich bin deiner Liebe und Treue nicht würdig.
Danke, dass du mich dennoch annimmst.
Hilf mir, dir auch treu zu bleiben
und meine Versprechen einzuhalten,
so wie du sie einhältst.
Amen.“

8 JESUS, DU BLEIBST FÜR IMMER GLEICH

In der Dunkelheit leuchtet ein Licht
Das den Menschen Hoffnung gibt
Die Hoffnung für die Welt
Eine Tür steht nun offen für uns
Zu einem neuen Lebensweg
Dem Lebensweg mit Gott

Preist den Namen Jesus
Ihn, unsern Retter, unsern Erlöser
Gestern, heut, für immer derselbe
Jesus, du bleibst für immer gleich

Und ein Feuer brennt in uns für die
Die noch fern vom Vater sind
Und die verloren gehen
Diese Leidenschaft kommt nicht von uns
Wir haben sie an ihm gesehn
An Jesus selbst gesehn

Friedefürst, Herr der Herrn
Er ist Gott und ewger Vater, Herr der Welt

Jesus, du bleibst für immer gleich: Originaltitel: Jesus The Same;
Text & Melodie: Raymond Badham; Dt. Text: Evie Sturm;
Für D, A, CH: CopyCare Deutschland, 71087 Holzgerlingen
Aus: „Feiert Jesus! 3“ Nr. 52

Du liebe Zeit

Gott ist ewig. Für die meisten von uns ist das so selbstverständlich wie der Käse auf dem Cheeseburger. Aber wenn wir anfangen, über die Bedeutung dieser Aussage nachzudenken, dann muss man eigentlich die Luft anhalten. Gott ist ewig! Jeder von uns hatte irgendwann seinen Anfang. Alles, was auf dieser Welt existiert, hat an irgendeinem bestimmten Tag zu einer bestimmten Zeit angefangen. Alles, außer Gott. Ihn gibt es schon immer. Ihn gab es schon, bevor es die Erde, das Universum oder die Engel gab. Gott existiert außerhalb unserer Zeit, er ist zeitlos. Du liebe Zeit – für uns zeitlich begrenzte Menschen ist das eigentlich kaum zu verstehen.

Irgendwie ist es frustrierend, dass wir Gott nicht verstehen können. Aber wenn wir ihn verstehen wollten, müssten wir ihn kleiner machen und ihn an unser Niveau anpassen. Aber das wäre uns weder möglich noch haben wir dazu das Recht. Gott ist grenzenlos, und wir können ihn nicht auf unser Fassungsvermögen limitieren. Das wäre ja auch langweilig. Wenn wir so einen kleinen Gott hätten, dann wäre er es nicht wert, dass wir ihm singen, zu ihm beten, ihn suchen und mit ihm versöhnt sein wollen. Doch weil er derselbe ist, gestern, heute und in Ewigkeit, ist er unvergleichlich und außergewöhnlich. Er war gestern Gott, ist heute Gott und wird auch morgen noch Gott sein – auch wenn die Welt zusammenbrechen oder die Erde im Klimawandel schmelzen sollte.

Das Spannende ist jedoch, dass Gott nicht nur auf ewig Herr der Welt ist, sondern dass er für uns auch morgen der gleiche Gott sein wird wie gestern. Wenn wir also durch schwierige Zeiten gehen und alles, was uns sicher zu sein schien, zerbricht, dann ist Gott doch der Gleiche. Ein zerbrochener Traum, eine kaputte Beziehung, eine zermürbende Krankheit – auch wenn alles anders kommt als gedacht, ist Gott auch morgen derselbe. Sein Licht leuchtet im Dunkeln und gibt uns Hoffnung. Er leitet und bestimmt ohne Unterbrechung den Lauf dieser Welt und auch unser persönliches Leben. Auf ihn ist Verlass, auf ihn können wir bauen – gestern, heute und morgen.

Von ihm für dich

Mein Leben schwindet dahin wie ein Schatten am Abend. Ich bin wie Gras, das vertrocknet. Doch du herrschst für alle Zeiten, Herr. Dein Ruhm reicht von einer Generation zur anderen. Einst hast du das Fundament der Erde gelegt und der Himmel ist das Werk deiner Hände. Sie werden vergehen, du aber bleibst ewig; sie werden veralten wie ein Gewand. Du wirst sie wechseln wie ein Kleidungsstück und sie werden fort sein. Doch du bleibst für immer und ewig derselbe, deine Jahre haben kein

Ende. Die Kinder deines Volkes werden in Sicherheit leben und ihre Nachkommen werden vor dir aufblühen.

Psalm 102,12-13,25-29

Nachgedacht

✦ Wir Menschen sind wie Gras, das vertrocknet. Gott aber bleibt für alle Zeiten. Vielleicht gehst du im Moment durch eine Dürrezeit und du weißt nicht, wie es weitergehen soll. Sei ermutigt, deine Sorgen und Frustrationen dem Ewigen zu bringen. Er interessiert sich für dich und für das, was dich beschäftigt. Leg dich in seine Hand und lass dich von ihm weitertragen.

To Pray

„Ewiger Gott, mein himmlischer Vater,
ich bete dich an.
Du, Herr, warst vor aller Zeit
Und du wirst auch weiterhin sein,
wenn alles vergehen wird.
Du bist der Ewige – das kann ich nicht verstehen.
Ich danke dir, dass du meine Gedanken
übersteigst und dass du ein unbegreiflicher Gott
bist, der es wert ist, angebetet zu werden.
Du sollst für immer und ewig gepriesen werden.
Ich will dich loben, solange ich bin.
Amen."

TEUER ERKAUFT

Wer an den Sohn Gottes glaubt, hat das Leben; wer aber an den Sohn Gottes nicht glaubt, hat auch das Leben nicht.

1. Johannes 5, 12

9 JESUS, ERLÖSER DER WELT

Was für ein Mensch, dem Wind und Wellen gehorchen
Was für ein Mensch, der auf dem Wasser geht
Was für ein Mensch, der Wasser in Wein verwandelt
Brot und Fisch vermehrt
Was für ein Mensch, der die Gefangenen frei macht
Was für ein Mensch, der selbst den Tod bezwingt
Was für ein Mensch, der allen Armen und Schwachen
Frohe Botschaft bringt

Jesus, Erlöser der Welt
Du bist Christus, der Fels, der uns hält
Gott ist mit uns, er selbst kommt zur Welt
Das Licht, das die Nacht erhellt

Was für ein Gott, der zu uns kommt, um zu dienen
Was für ein Gott, der klein wird, wie ein Kind
Was für ein Gott, der alle Schuld dieser Erde
Für uns auf sich nimmt
Was für ein Gott, der mit uns sein neues Reich baut
Was für ein Gott, der uns das Erbe gibt
Was für ein Gott, der uns als Söhne und Töchter
Unbeschreiblich liebt

Jesus, Erlöser der Welt: Text & Melodie: Albert Frey;

Aus: „Feiert Jesus! 3" Nr. 11

Der Nazarener

Was für ein Mensch – unser Erlöser. Was für ein Gott – unser Befreier. In Nazareth steht die Verkündigungsbasilika – ein kleines Gebäude, das daran erinnert, dass in diesem kleinen Dorf einmal ein junges Mädchen namens Maria eine himmlische Verheißung bekam. Über dem Eingang dieser Kirche stehen die Worte: Verbo Caro Factum, est et Habitavit en Nobus – „Und das Wort wurde Fleisch und wohnte unter uns." (Johannes 1,14). Nicht im Keller der Kirche, sondern in unserer Mitte: Hier, in diesem Dorf Nazareth, hat Jesus tatsächlich gewohnt. Hier hat er mit seinen Schulfreunden gespielt und seinem Vater beim Tischebauen zugeschaut.

Wenn man von der Kirche ein bisschen den Hügel hinaufläuft, gelangt man zur alten Synagoge Nazareths, also der Synagoge, in der Jesus bei einem Sabbathgottesdienst die Leute in Aufruhr versetzte. Er las aus der Tageslesung einen Text des Propheten Jesajas: „Der Geist des Herrn ruht auf mir, denn er hat mich gesalbt, um den Armen die gute Botschaft zu verkünden. Er hat mich gesandt, Gefangenen zu verkünden, dass sie freigelassen werden, Blinden, dass sie sehen werden, Unterdrückten, dass sie befreit werden und dass die Zeit der Gnade des Herrn gekommen ist." Nachdem Jesus den Text vorgelesen hatte, schaute er in die Menge und sagte: „Heute ist dieses Wort vor euren Augen und Ohren Wirklichkeit geworden."

Für die Leute in Nazareth war das ein Skandal. Er behauptete Gottes Sohn zu sein, und jeder wusste doch ganz genau, dass er der Sohn Marias war. Jesus, das Wort, wurde Mensch und lebte unter uns. Er kam in die Welt, die ihm gehört, und sein eigenes Volk nahm ihn nicht auf. Was für ein Mensch – unser Erlöser. Was für ein Gott – unser Befreier. Anders, als es alle gedacht und erwartet haben, trat der Messias in die Weltgeschichte ein. Nicht um die Religiösen und Gläubigen zu bestätigen, sondern um den Armen, Gefangenen, Blinden und Unterdrückten die Gnade des Herrn zu erweisen. Er ist das Licht, das die Nacht erhellt.

Von ihm für dich

Am Anfang war das Wort. Das Wort war bei Gott und das Wort war Gott. Er war am Anfang bei Gott. Durch ihn wurde alles geschaffen, was ist. Es gibt nichts, was er, das Wort, nicht geschaffen hat. Das Leben selbst war in ihm, und dieses Leben schenkt allen Menschen Licht. Das Licht scheint in der Finsternis, und die Dunkelheit konnte es nicht auslöschen. Obwohl die Welt durch ihn geschaffen wurde, erkannte die Welt ihn nicht, als er kam. Er kam in die Welt, die ihm gehört, und sein eigenes Volk nahm ihn nicht auf. All denen aber, die ihn aufnahmen und an seinen Namen glaubten, gab er das Recht, Gottes Kinder zu werden. Sie wurden dies weder durch ihre Abstammung noch durch menschliches Bemühen oder Absicht, sondern dieses Leben kommt von Gott. Er, der das Wort ist, wurde Mensch und lebte unter uns. Er war voll Gnade und Wahrheit und wir wurden Zeugen seiner Herrlichkeit, der Herrlichkeit, die der Vater ihm, seinem einzigen Sohn, gegeben hat.

Johannes 1,1-5, 9-14

Nachgedacht

- Jesus gibt denen, die ihn aufnehmen und an ihn glauben, das Recht, Gottes Kinder zu werden. Ist das nicht großartig? Er kam, um dich zu retten, um den Weg zum Vater für dich frei zu machen. Er möchte in dir wohnen, so wie er in Nazareth gewohnt hat. Nimmst du ihn auf? Oder ist er für dich ein Skandal, weil er alles auf den Kopf stellt? Wenn du heute mit ihm redest, dann sei mutig und öffne ihm die Tür zu deinem Leben. Bitte ihn in deinem Leben zu wohnen, dann wird er dir das Recht geben, Gottes Kind zu sein.

- Jesus kam, um den Armen zu dienen. In der Bibel wird Jesus auch Immanuel genannt, das heißt übersetzt: „Gott ist mit uns." Vielleicht gehörst du auch zu den Armen und Unterdrückten. Materiell mag es dir gut oder weniger gut gehen, aber innerlich fühlst du dich leer und gefangen. Bitte Jesus, dass du ihn als Immanuel erleben darfst. Bitte ihn, dass er dich erleben lässt, dass er bei dir ist. Und sag ihm, was dich fesselt. Denn er will dich befreien.

To Pray

„Jesus, ich möchte dir von Herzen danken,
dass du Mensch geworden bist.
Danke, dass du kamst,
obwohl du genau wusstest, dass wir Menschen
dich nicht aufnehmen würden.
Herr, ich möchte dich aber bei mir aufnehmen.
Ich lade dich in mein Leben ein.
Du sollst in mir wohnen, mein Immanuel.
Amen."

10 ICH WILL DICH ANBETEN

Licht dieser Welt, du strahlst in unsrer Nacht auf
Leuchtest den Weg, lässt mich sehn
Herr, deine Schönheit lässt mich anbeten
Ewig werd ich vor dir stehn

Ich will dich anbeten, will mich vor dir beugen
Will dir sagen: Du nur bist mein Gott
Denn du allein bist herrlich, du allein bist würdig
Du nur bist vollkommen gut zu mir

Herr aller Zeiten, du bist hoch erhaben
Herrlich im Himmel erhöht
Doch voller Demut kamst du auf die Erde
Zeigst worin Liebe besteht

Herr, nie begreife ich die Last
Die du am Kreuz getragen hast

Ich will dich anbeten: Originaltitel: Here I Am To Worship; Text & Melodie: Tim Hughes;
Dt. Text: Andreas Waldmann;
Aus: „Feiert Jesus! 3" Nr. 53

Gehorsam bis zum Tod

Jerusalem, Passahfest um das Jahr 33. Ob Pilatus wusste, wen er da verurteilt hatte? Ob Simon aus Kyrene wusste, wessen Kreuz er trug? Ob die römischen Soldaten ahnten, wem sie die Nägel durch die Hände hämmerten? Werden wir je begreifen, welche Last er am Kreuz getragen hat? Jesus, der Sohn Gottes, kam voller Demut auf die Erde, um für uns den Weg zum Himmel frei zu machen. Der Herr aller Zeiten kam am Höhepunkt der Zeiten, um die Macht der Sünde durch seinen Opfertod für uns zu brechen. Er, der bei Gott alles hatte, verzichtete auf seine göttlichen Rechte und opferte sich selbst.

Rein menschlich gesehen könnte man leicht Gründe für Jesu Kreuzigung finden. Jesus wurde zur Zeit der römischen Besatzung in Israel geboren. Die politische und geistliche Elite war machthungrig und korrupt. Jesus war beliebt beim Volk, predigte ein revolutionäres Gottesbild und heilte am Sabbath. All dies passte den Führern gar nicht ins Konzept. Die Evangelien berichten, dass Judas ihn aus Habgier verriet, die Priester ihn aus Empörung anklagten und Pilatus ihn aus Feigheit verurteilte. Ist es deshalb so weit gekommen?

Wenn wir die Evangelien genauer betrachten, sehen wir, dass Gott das Kreuz geplant hat. Gott, der Vater, sagte zu seinem Sohn: „Du bist mein geliebter Sohn. An dir habe ich Wohlgefallen. Ich habe einen Auftrag für dich und ich hoffe, dass du ihn ausführen wirst. Deine Aufgabe – solltest du sie annehmen – ist, einer von ihnen zu werden, das Reich Gottes anzukündigen, am Kreuz zu sterben und ihre Sünde, Schuld und Scham auf dich zu nehmen. Ich möchte, dass du mich mit ihnen versöhnst.“ Jesus wählte das Kreuz – es wurde ihm nicht vom Vater aufgezwungen. Er war gehorsam. Er wählte die Demut, die Erniedrigung, die Knechtschaft.

Von ihm für dich

> Geht so miteinander um, wie Christus es euch vorgelebt hat. Obwohl er Gott war, bestand er nicht auf seinen göttlichen Rechten. Er verzichtete auf alles, er nahm die niedrige Stellung eines Dieners an und wurde als Mensch geboren und als solcher erkannt. Er erniedrigte sich selbst und war gehorsam bis zum Tod, indem er wie ein Verbrecher am Kreuz starb. Deshalb hat Gott ihn in den Himmel gehoben und ihm einen Namen gegeben, der höher ist als alle anderen Namen. Vor diesem Namen sollen sich die Knie aller beugen, die im Himmel und auf der Erde und unter der Erde sind. Und zur Ehre Gottes, des Vaters, werden alle bekennen, dass Jesus Christus Herr ist.
>
> Philipper 2, 5-11

Nachgedacht

- Jesus wählte das Kreuz. Er war gehorsam und betete: „Vater, nicht wie ich will, sondern wie du es willst." Ist das nicht zum Staunen? Sag Jesus im Gebet Danke für das, was er für dich getan hat. Bitte ihn, dir zu helfen, das Kreuz nicht für selbstverständlich zu nehmen. Bitte ihn, dich immer wieder zum Staunen zu bringen.

- Jesus hat vorgelebt, was Demut und Gehorsam bedeuten. Paulus schreibt, dass wir diesem Beispiel folgen sollen. Was löst dieser Text aus Philipper 2 in dir aus? Was bedeutet für dich Demut? In welchen Bereichen deines Lebens pochst du auf deine Rechte? Wo fällt es dir schwer, zu verzichten? Bekenne Gott diese Dinge im Gebet und bitte ihn, dir zu helfen, dich auch zu demütigen, so wie Jesus es vorgelebt hat.

To Pray

„Jesus, du Herr aller Zeiten,
dich will ich anbeten,
weil du dich voller Demut erniedrigt hast.
Du warst gehorsam
und bist durch unermessliches Leid gegangen.
Du hast es vollbracht,
du bist für mich gestorben –
das habe ich nicht verdient.
Du bist vollkommen gut zu mir.
Darum beuge ich mich und bekenne:
Du bist Herr.
Amen.“

11 FÜR IMMER

Von Nägeln durchbohrt
Erzählt mir dein Leib
Wie du am Kreuz starbst für mich
Geschunden für mich
Aus Liebe zu mir
Mit Schmerzen die schrein: Du liebst mich

Und wenn wir einmal vor dir stehn
Wenn wir deine Narben sehn
Werden sie es immer sagen:
Wunder deiner Liebe

Ich bekenne dir:
Für immer will ich dir folgen, mein Herr
Für immer nur dir gehörn, dir gehörn

Für immer: Orignaltitel: Forever (The Nails In Your Hands);
Text & Melodie: Richard Cimino, Dt. Text: David Schnitter;

Aus: „Feiert Jesus! 3“ Nr. 222

Weil er dich unendlich liebt

Aus Liebe ließ er sich schlagen. Aus Liebe ließ er sich verspotten. Aus Liebe ließ er sich kreuzigen. Das ist das größte Wunder in der Geschichte der Menschheit. Und wenn wir das begreifen, dann ist unsere Hingabe an ihn eine fast selbstverständliche Reaktion. In unserer Gesellschaft wird man als schwach angesehen, wenn man Jesus liebt. Ein starker Mensch muss selber mit dem Leben zurechtkommen – ohne Hilfe, ohne die Abhängigkeit eines Größeren. Aber wir sind auf den Größeren angewiesen, denn er gab sein Leben für uns, im Gehorsam zu seinem Vater.

Das Wunderbare an Jesus ist, dass er uns nicht nur aus Prinzip liebt oder weil sein Vater das eben von ihm möchte. Jesus liebt uns, weil er etwas in uns sieht, das uns für ihn liebenswert macht. Auch wenn uns sonst keiner liebt – ihm sind wir mehr wert als sein eigenes Leben. Jesus hat sich selbst „angekreuzt“, um Tatsachen zu schaffen: Bei ihm ist Friede, bei ihm ist Leben, bei ihm ist Freude, bei ihm ist Kraft, bei ihm ist Hoffnung, bei ihm ist alles das, was unser Herz ersehnt. Das ist das Wunder seiner Liebe.

In den USA wurde vor einigen Jahren eine Studie durchgeführt. Dabei wurden verschiedene Pastoren und Leiter christlicher Organisationen nach Methoden, Strategien und Effektivität befragt. Darunter war auch Bill Bright, Leiter von Campus für Christus. Auf die Frage, was Jesus ihm bedeutete, konnte er nicht antworten. Er saß auf seinem großen Stuhl hinter seinem großen Schreibtisch und fing einfach an zu weinen. Er hatte die Liebe Jesu in seinem Leben so tief erfahren dürfen, dass ihm die Tränen kamen, als er den Namen Jesus hörte. Liebe kann man nur sehr schwer mit Worten beschreiben – und doch ist sie echt und ergreifend.

Von ihm für dich

> Er wuchs vor ihm auf wie ein Spross, er entsprang wie eine Wurzel aus trockenem, dürrem Land. Sein Äußeres war weder schön noch majestätisch, er hatte nichts Gewinnendes, das uns gefallen hätte. Er wurde verachtet und von den Menschen abgelehnt – ein Mann der Schmerzen, mit Krankheit vertraut, jemand, vor dem man sein Gesicht verbirgt. Er war verachtet und bedeutete uns nichts. Dennoch: Er nahm unsere Krankheit auf sich und trug unsere Schmerzen. Und wir dachten, er wäre von Gott geächtet, geschlagen und erniedrigt. Doch wegen unserer Vergehen wurde er durchbohrt, wegen unserer Übertretungen zerschlagen. Er wurde gestraft, damit wir Frieden haben. Durch seine Wunden wurden wir geheilt. Wir alle gingen in die Irre wie Schafe. Jeder ging seinen eigenen Weg. Doch ihn ließ der Herr die Schuld von uns allen treffen. Er wurde misshandelt und

niedergedrückt und gab keinen Laut von sich. Wie ein Lamm, das zum Schlachten geführt wird, und wie ein Schaf vor seinem Scherer verstummt, so machte auch er den Mund nicht auf.

Jesaja 53, 2-7

Nachgedacht

✦ Das Kreuz, an dem Jesus sein Leben für dich gab, ist zu einem so selbstverständlichen Symbol im Christentum geworden, dass es uns kaum noch berührt. Nimm dir heute ganz bewusst ein paar Minuten Zeit, um über Jesu Liebe, die für dich bis in den Tod ging, nachzudenken. Und sag ihm dann Danke für das, was er für dich getan hat.

✦ Im Johannesbrief lesen wir, dass wir ihn lieben, weil er uns zuerst geliebt hat. Er hat dir seine Liebe gezeigt, wie kannst du Jesus deine Liebe zeigen? Überlege dir ein paar ganz praktische Liebesbeweise und rede mit ihm darüber. Erzähl ihm von deinem Vorhaben und bitte ihn, dich daran zu erinnern und dir zu helfen, diese Dinge auch umzusetzen.

„Jesus, mein Erlöser,
Worte können nicht beschreiben,
was du für mich getan hast.
Trotzdem möchte ich dir sagen,
wie dankbar ich dir bin.
Durch deine Wunden bin ich geheilt.
Weil du die Strafe getragen hast,
habe ich nun Frieden.
Danke, danke, danke.
Ich liebe dich.
Amen."

12 CREATE IN ME A CLEAN HEART

Erschaffe in mir ein reines Herz, mein Gott
Und erneuere einen aufrichtigen Geist in mir

Verstoße mich nicht aus deiner Gegenwart, mein Herr
Nimm deinen Heiligen Geist nicht von mir
Hilf mir, die Freude der Errettung wieder zu erfahren
Und erneuere einen aufrichtigen Geist in mir

(freie Übertragung des englischen Liedtextes)

Create In Me A Clean Heart: Text & Melodie: überliefert
Aus: „Feiert Jesus! 1" Nr. 142

Ich kann mich nicht erinnern

Der Autor Brennan Manning erzählt von einer Frau, die Jesus-Visionen, Jesus-Begegnungen hatte. Als der Ortsbischof davon hörte, wollte er diese Frau treffen, die da Begegnungen mit Jesus hatte (weil das geht ja nicht!). Der Bischof sagte zu der Frau: „Wenn du tatsächlich Jesus begegnest, will ich einen Beweis. Wenn du ihm wieder begegnest, will ich, dass du ihn fragst, welche Sünden ich bei meiner letzten Beichte bekannt habe." Einige Zeit später traf er die Frau wieder. Er fragte: „Und? Hast du Jesus gefragt?" Sie nahm die Hand des Bischofs und sah ihm tief in die Augen: „Ja, ich habe Jesus gefragt, welche Sünden Sie bei Ihrer letzten Beichte bekannten, und seine wortwörtliche Antwort war: ‚Ich kann mich nicht erinnern.'"

Ohne das Kreuz wäre unser Schuldbekenntnis nichts anderes als eine psychologische Therapie. Weil Jesus aber starb und auferstand, ist Vergebung real. Und Gott heilt und verändert unsere Seele, wenn wir ihm unsere Schuld bekennen. Die Sünde, die uns vorher wie eine Last auf den Schultern lag, wirft er ins tiefste Meer und stellt ein Schild auf: „Angeln verboten." So fern der Osten vom Westen ist, lässt er unsere Verfehlungen von uns sein. Er vergibt und wird sich dann nicht mehr daran erinnern. Wenn wir Gott wegen einer Sache zweimal um Vergebung bitten, wird er uns nicht verstehen, weil er keine Ahnung hat, wovon wir reden.

Gott will vergeben, weil er den Sünder liebt. In der Bibel lesen wir von König David, dem Helden Israels und Mann nach Gottes Herzen. Er lebte in Gemeinschaft mit Gott. Das war die Priorität in seinem Leben. Als er aber eines Tages eine verheiratete Frau beim Baden sah, wurde ihm sein Trieb wichtiger als die intakte Beziehung mit Gott. Die beiden landeten im Bett und dann ließ David auch noch ihren Mann, einen treuen Soldaten, in den vordersten Reihen kämpfen und sterben. Als der Prophet Nathan ihn später mit seiner Sünde konfrontierte, merkte David, dass seine Beziehung zu Gott zerbrochen war. Er fiel auf die Knie und betete diesen Psalm:

Von ihm für dich

Gott sei mir gnädig um deiner Gnade willen und vergib mir meine Sünden nach deiner großen Barmherzigkeit. Wasche mich rein von meiner Schuld und reinige mich von meiner Sünde. Denn ich bekenne meine Sünde, die mich Tag und Nacht verfolgt. Gegen dich allein habe ich gesündigt und getan, was in deinen Augen böse ist. Darum wirst du Recht behalten mit dem, was du sagst, und dein Urteil über mich ist gerecht. Denn ich war ein Sünder – von dem Augenblick an, da meine Mutter mich empfing. Dir gefällt ein Herz, das wahrhaftig ist; und im Verborgenen lehrst du mich deine Weisheit. Wasche von mir ab meine Sünden, und ich werde ganz rein werden; wasche mich, und ich werde weißer sein als Schnee. Gib mir meine Freude zurück und lass mich wieder fröhlich werden, denn du hast mich zerbrochen. Sieh meine Sünde nicht mehr an und vergib mir meine Schuld. Gott, erschaffe in mir ein reines Herz und gib mir einen neuen, aufrichtigen Geist. Verstoße mich nicht aus deiner Gegenwart und nimm deinen Heiligen Geist nicht von mir. Lass mich durch deine Hilfe wieder Freude erfahren und mach mich bereit, dir zu gehorchen. Dann will ich die Gottlosen deine Wege lehren, damit die Sünder zu dir zurückkehren. Vergib mir, dass ich Blut vergossen habe, Gott, mein Retter, dann werde ich singen und jubeln über deine Vergebung. Herr, öffne meine Lippen, damit ich dich lobe. Mit Schlachtopfern bist du nicht zufrieden, sonst hätte ich sie dir gebracht und auch Brandopfer würdest du nicht annehmen. Das Opfer, das dir gefällt, ist ein zerbrochener Geist. Ein zerknirschtes, reumütiges Herz wirst du, Gott, nicht ablehnen.

Psalm 51, 3-19

Nachgedacht

- Gott will nichts mehr, als dir deine Sünden vergeben. Dafür gab er sein Ein und Alles, seinen einzigen Sohn. Weil Jesus für dich starb, kannst du Gott nun deine Sünden bekennen. Es ist nicht gut, die Sünde zur Gewohnheit zu machen, aber es ist gut, das Sündenbekenntnis zur Gewohnheit zu machen. Welche Schuld in deinem Leben solltest du ins Reine bringen? Was hat bei dir die Beziehung zum Vater zerbrochen? Bete und bringe ihm diese Dinge. Wenn du magst, kannst du auch den Psalm von David beten. Gott wird ein reumütiges Herz nicht ablehnen.

- Vielleicht fällt dir auf, dass du immer wieder in das gleiche Loch fällst und immer wieder für die gleiche Sache um Vergebung bitten musst, weil du nicht aufhören kannst, in einem bestimmten Bereich zu sündigen. Dann wäre es gut, wenn du dich an einen anderen Jesusnachfolger wendest und mit ihm darüber sprichst und betest. Das braucht Mut. Vor allem deshalb, weil wir die Gemeinde Gottes als Gemeinschaft der Heiligen sehen, nicht als Gemeinschaft der Sünder. Aber es ist sinnlos, heilig zu tun und zu heucheln. Wir wollen lieber ehrlich voreinander sein und uns gegenseitig helfen, aus der Vergebung zu leben.

To Pray

„Lieber Vater,
ich danke dir, dass du mir immer wieder neu vergibst.
Ich bekenne, dass ich schuldig vor dir bin.
Bitte nimm weg, was mich von dir trennt.
Mach kaputt, was mich kaputt macht.
Und hilf mir, so zu leben, wie es dir gefällt.
Danke für deine Vergebung, die mich heilt.
Danke, dass du mich weißer machen willst als Schnee.
Verändere mein Herz und gib mir einen aufrichtigen Geist.
Hab Erbarmen mit mir, mein Herr.
Amen."

AUS DER GNADE LEBEN

Der Herr, dein starker Gott, der Retter, ist bei dir. Begeistert freut er sich an dir. Vor Liebe ist er sprachlos ergriffen und jauchzt doch mit lauten Jubelrufen über dich.

Zefanja 3, 17

13 YOU ARE MY KING

Mir ist vergeben, weil du verlassen wurdest
Ich bin angenommen, weil du verurteilt wurdest
Mir geht es gut, dein Geist lebt in mir
Weil du gestorben und auferstanden bist

Was für eine unglaubliche Liebe
Wie kann es sein, dass du, mein König, für mich stirbst
Was für eine unglaubliche Liebe
Ich weiß, dass sie real ist
Voll Freude ehre ich dich
Mit allem, was ich tue, ehre ich dich

Jesus, du bist mein König

(freie Übertragung des englischen Liedtextes)

Aus: „Feiert Jesus! 3" Nr. 117

Willkommen zu Hause

Wir alle sind geistliche Waisenkinder. Der Sündenfall hat uns Menschen von Gott, dem Vater, getrennt. Wir werden nicht als Kinder Gottes geboren und sind deshalb geistlich elternlos. Die gute Nachricht ist allerdings, dass wir durch Jesus, den Sohn Gottes, in die himmlische Familie hinein adoptiert werden können. C.S. Lewis schrieb: „Der Sohn Gottes wurde Mensch, um es den Menschen möglich zu machen, Kinder Gottes zu werden." Weil er kam, sind wir wieder gut mit dem Vater und dürfen zu ihm gehören.

Wenn wir erkennen, dass wir geistliche Waisenkinder sind, dann können wir durch Jesus zum Vater kommen. Wir sehen dann unsere Sünde, die die Beziehung zum Vater kaputt gemacht hat. Wir staunen, dass Jesus aus Gnade für unsere Sünde gestorben ist und dass wir durch ihn Vergebung erfahren können. Uns ist vergeben, weil er starb und auferstand. Durch den Glauben an ihn dürfen wir Kinder Gottes werden. Gott, der Vater, adoptiert uns und wir dürfen bei ihm zu Hause sein. Er schließt uns in seine Arme und sagt: „Du bist mein geliebtes Kind, an dir habe ich große Freude."

Es mag sein, dass dies für manche von uns wie leere Worte klingt. Dafür kann es zwei Gründe geben: Entweder haben wir noch nicht erkannt, dass wir geistliche Waisenkinder sind und wir spüren gar kein Verlangen nach Gott, dem Vater. Oder wir haben diese Worte schon so oft gehört oder gelesen, dass sie uns kaltlassen. Kinder Gottes zu sein, teilzuhaben an seinem Erbe ist für uns schon fast selbstverständlich geworden. Jesus erzählte die Geschichte von dem Vater. Sei ermutigt, diese bekannte Geschichte einmal ganz neu zu lesen. Lass dich vom Vater überraschen:

Von ihm für dich

Einige Tage später packte der jüngste Sohn seine Sachen und ging auf Reisen in ein fernes Land, wo er sein ganzes Geld verprasste. Etwa um die Zeit, als ihm das Geld ausging, brach in jenem Land eine große Hungersnot aus, und er hatte nicht genug zu essen. Da überredete er einen Bauern, ihm Arbeit zu geben, und er durfte seine Schweine hüten. Der junge Mann war so hungrig, dass er die Schoten, die er an die Schweine verfütterte, am liebsten selbst gegessen hätte. Aber niemand gab ihm etwas. Schließlich überlegte er und sagte sich: „Daheim haben die Tagelöhner mehr als genug zu essen, und ich sterbe hier vor Hunger! Ich will zu meinem Vater nach Hause gehen und sagen: Vater, ich habe gesündigt, gegen den Himmel und auch gegen dich, und ich bin es nicht mehr wert, dein Sohn zu heißen. Bitte stell mich als einen deiner Tagelöhner ein." So kehrte er zu seinem Vater nach Hause zurück. Er war noch weit entfernt, als sein Vater ihn kommen sah. Voller Liebe und Mitleid lief er seinem Sohn entgegen, schloss ihn in die Arme und küsste ihn. Sein Sohn sagte zu ihm: „Vater, ich habe gesündigt, gegen den Himmel und auch gegen dich, und ich bin es nicht mehr wert, dein Sohn zu heißen.“ Aber sein Vater sagte zu den Dienern: „Schnell! Bringt die besten Kleider im Haus und zieht sie ihm an. Holt einen Ring für seinen Finger und Sandalen für seine Füße. Und schlachtet das Kalb, das wir im Stall gemästet haben, denn mein Sohn hier war tot und ist ins Leben zurückgekehrt. Er war verloren, aber nun ist er wieder gefunden.“ Und ein Freudenfest begann.

Lukas 15, 13-24

Nachgedacht

- Die Sohn ging weg vom Vater und landete ziemlich schnell in einem Schweinestall. Der Hunger und die Sehnsucht nach der Liebe des Vaters trieben ihn wieder nach Hause. Vielleicht bist du in letzter Zeit auch weit weg von Gott gewesen. Und vielleicht hast du auch Sehnsucht nach ihm. Sei ermutigt wieder nach Hause zu gehen, gleich jetzt mit einem einfachen Gebet. Der Vater läuft dir voller Liebe und Mitleid entgegen und er freut sich auf dich.

- Der Vater gab dem Sohn einen Ring an den Finger, um ihm damit seine Vaterliebe zu zeigen. Heute hängen sich manche Leute ein Kreuz um den Hals – als Andenken an die Liebe des Vaters. Für andere ist das Kreuz aber oft nicht mehr als ein Accessoire. Vielleicht hast du die Liebe Gottes in letzter Zeit auch als viel zu selbstverständlich hingenommen? Ist dein Glaube nur noch ein Accessoire? Gehe ins Gebet und bitte Gott um Verzeihung. Heute ist ein guter Tag, um dich bei deinem Vater für die Adoption zu bedanken.

To Pray

„Lieber Vater,
danke, dass du mich adoptiert hast
und dass ich bei dir zu Hause sein darf.
Ich wüsste nicht, wo ich ohne dich wäre.
Ich bin es nicht wert, dein Kind zu sein
und du hast mich trotzdem angenommen.
Hilf mir, Vater, kein verwöhntes Kind zu werden.
Ich will dir auf ewig dankbar sein
für deine unendlich große Liebe.
Amen.“

14 HERR, ICH KOMME ZU DIR

Herr, ich komme zu dir
Und ich steh vor dir so wie ich bin
Alles, was mich bewegt, lege ich vor dich hin
Herr, ich komme zu dir
Und ich schütte mein Herz bei dir aus
Was mich hindert ganz bei dir zu sein, räume aus

Meine Sorgen sind dir nicht verborgen
Du wirst sorgen für mich
Voll Vertrauen will ich auf dich schauen
Herr, ich baue auf dich

Gib mir ein neues, ungeteiltes Herz
Lege ein neues Lied in meinen Mund
Fülle mich neu mit deinem Geist
Denn du bewirkst dein Lob in mir

Herr, ich komme zu dir: Text & Melodie: Albert Frey;

Aus: „Feiert Jesus! 2" Nr. 148

Unberechtigt

Eine Studentengruppe machte einmal eine Umfrage in der Fußgängerzone. Dabei wurden zwei Fragen gestellt: „Gibt es einen Himmel?" und „Glauben sie, dass Sie nach dem Tod einmal dorthin kommen werden?" Fast alle Befragten, die die erste Frage mit „ja" beantworteten, bejahten auch die zweite Frage. Egal aus welchem religiösen Hintergrund die Menschen kamen, hatten sie alle dieselbe Vorstellung: Irgendwo gibt es einen lieben Gott, der an einem schönen Ort mit den guten Menschen wohnt.

Hinter dieser Vorstellung steckt wohl das größte geistliche Missverständnis der Menschheit: Es ist der Glaube, dass man gewisse Dinge tun und lassen soll, um sich einen Platz im Himmel zu sichern. Es soll wie ein Rezept funktionieren: Ein anständiger Mensch verdient den Himmel. Aber: Gott gibt uns nicht, was wir verdienen – er gibt uns das, was wir eigentlich gar nicht verdienen. Unberechtigt. Das ist Gnade.

Das Leben mit Jesus ist eine persönliche Beziehung zu ihm, und nicht Regeln einhalten. Er ist an unseren Herzen interessiert, und nicht so sehr an unseren guten Taten und frommen Formeln. In der Geschichte von dem Vater, die wir im letzten Kapitel gelesen haben, gibt es noch einen zweiten Sohn. Dieser blieb zu Hause beim Vater und arbeitete treu auf dem Feld. Während der jüngere Bruder alle Regeln brach, hielt sich dieser ältere Sohn gewissenhaft an alle Pflichten. Und dennoch war er verloren, genauso wie der Hurenliebhaber im Schweinestall. Er dachte, er könne sich sein Erbe beim Vater mit seiner Pflichterfüllung und Gesetzlichkeit verdienen. Er war sich zu gut für die Gnade und um ihr aus dem Weg zu gehen, vermied er den Ungehorsam. Aber auch er hatte keine persönliche Beziehung zum Vater.

Von ihm für dich

> Währenddessen war der ältere Sohn draußen auf den Feldern und arbeitete. Als er heimkam, hörte er Musik und Tanz im Haus und fragte einen der Diener, was da los sei. „Dein Bruder ist wieder da“, erfuhr er, „und dein Vater hat das Kalb geschlachtet, das wir gemästet hatten, und gibt nun ein großes Fest. Wir feiern, dass er wohlbehalten zurückgekehrt ist.“ Da wurde der ältere Bruder zornig und wollte nicht ins Haus gehen. Sein Vater kam heraus und redete ihm zu, aber er sagte: „All die Jahre habe ich schwer für dich gearbeitet und dir nicht ein einziges Mal widersprochen, wenn du mir etwas aufgetragen hast. Und in dieser ganzen Zeit hast du mir nicht einmal eine junge Ziege gegeben, um mit meinen Freunden ein Fest zu feiern. Doch jetzt, wenn dein Sohn daherkommt, nachdem er dein Geld mit Huren durchgebracht hat, feierst du und schlachtest unser bestes Kalb.“
>
> Lukas 15, 25-30

Nachgedacht

- Viele Menschen sind streng religiös, ähnlich wie der ältere Bruder. Sie versuchen ein anständiges Leben zu leben, um so das Recht zu bekommen, von Gott Gebetserhörungen, Wohlstand und die Himmeleintrittskarte erwarten zu können. Vielleicht glaubst du auch, dass Gott dich segnen muss, weil du ihm stets gehorsam warst? In diesem Fall ist Jesus vielleicht dein Vorbild, deine Inspiration oder dein Helfer, aber er ist nicht dein Erlöser. Bitte Gott im Gebet darum, den Stolz und die Selbstgerechtigkeit von dir zu nehmen, damit du das Geschenk seiner Gnade empfangen kannst.

- Oftmals leben wir unser Christsein in leeren, frommen Formeln. Wir haken die „To-Do"-Liste ab, beten das „Vater unser" und singen „Shine, Jesus, Shine". Aber Gott interessiert deine „To-Do"-Liste nicht. Er ist an dir selbst interessiert. Vor Gott darfst du ehrlich sein. Du darfst ihm dein Herz ausschütten und ihm alles bringen, was dich bewegt. Und dann wirst du merken, dass Gott dir viel näher ist, als du gedacht hast.

„Vater,
ich danke dir, dass ich in deiner Gegenwart
leben darf, und dass ich mich nicht zu verstellen
brauche.
Danke, dass du mir deine Gnade schenken willst –
nicht weil ich gut bin, sondern weil du gut bist.
Hilf mir, diese Gnade auch anzunehmen.
Herr, ich möchte mit dir in einer Beziehung leben
und nicht abstrakte, fromme Formeln
runterspulen.
Ich merke, wie mich diese Gesetzlichkeit daran
hindert, ganz bei dir zu sein.
Vater, nimm sie von mir, und meine
Selbstgefälligkeit auch.
Und gib mir ein neues, ungeteiltes Herz,
an dem du Wohlgefallen hast.
Amen."

15 DU ALLEIN

Du allein kennst meine Gedanken
Du weißt, wie ich fühle
Du siehst meine Schranken und Ziele
Du weißt, was mir dann und wann fehlt
Du allein siehst Zweifel und Sorgen
Die Fragen nach morgen
Du kennst meinen Weg und du weißt, wie ich lebe
Bist Tag und Nacht da

Du bist bei mir, auch wenn ich dich heute nicht spüre
Bist bei mir, auch wenn ich mich in meinen Sorgen verliere
Du bist bei mir. Ich dank dir dafür

Du allein kennst Wünsche und Träume
Du weißt, was ich meine
Doch nur du allein kennst den richtigen Weg
Du denkst größer als ich
Du allein liebst mich immer weiter
Auch wenn ich dich oft nicht verstehe
Du weißt, dass ich vieles falsch sehe
Doch du lässt mich nie los

Das Kind in dir

Timo wuchs in einem behüteten, christlichen Elternhaus auf. Sein Spielkamerad in seiner Kindheit war Aziz, der Junge aus der Familie nebenan, einer Familie aus dem Iran. Die beiden verbrachten jeden Nachmittag miteinander, machten ihre Hausaufgaben zusammen, tranken Eistee und spielten Fußball vor der Garage. Als Timo neun Jahre alt war, durfte Aziz nicht mehr zu Besuch kommen. Timo fragte seinen Vater nach dem Grund für dieses Verbot. Sein Vater sagte: „Das ist jetzt nicht mehr angebracht." Timo sah zum ersten Mal in das Gesicht einer Gesellschaft, die in Schubladen denkt: christlich-muslimisch, schwarz-weiß, attraktiv-hässlich, homo-hetero, Kapitalist-Sozialist, Abitur-Hauptschule, Fiesta-TT.

Jesus sagte seinen Jüngern, dass sie wie die Kinder werden sollen. Kinder sind für Erwachsene faszinierend, vermutlich deshalb, weil sie so unglaublich unschuldig sind. Sie sind liebenswert, weil sie sich nicht wie Erwachsene durch aufgesetzte Masken davor schützen wollen, in die falsche Schublade gesteckt zu werden. Kinder denken nicht in Schubladen. Jesus möchte, dass wir vor Gott so sind, wie wir sind. Wir brauchen uns nicht zu verstellen oder hinter einer Maske zu verstecken. Denn Gott steckt uns nicht in Schubladen, und wir brauchen und können ihn gar nicht beeindrucken. Er kennt uns ganz genau, und wir können bei ihm echt sein.

Dieses Wissen ist wunderbar für uns. Als Kinder dürfen wir offen, abhängig, verspielt, sensibel und einfach gestrickt sein. Wenn wir das verstehen, entdecken wir unsere wahre Identität: Wir sind von Gott geliebte Kinder. Er hat einen Plan für uns, er meint es gut mit uns, und er steht uns bei. Wenn wir das Kind in uns entdecken, ist das nicht das Ende, sondern der Anfang einer tiefen Beziehung zum himmlischen Vater. Es gibt keinen Grund, sich zu verstellen oder eine Schublade aufzumachen. Der Vater liebt uns so, wie wir sind.

Von ihm für dich

Herr, du hast mein Herz geprüft und weißt alles über mich. Wenn ich sitze oder wenn ich aufstehe, du weißt es. Du kennst alle meine Gedanken. Wenn ich gehe oder wenn ich ausruhe, du siehst es und bist mit allem, was ich tue, vertraut. Und du, Herr, weißt, was ich sagen möchte, noch bevor ich es ausspreche. Du bist vor mir und hinter mir und legst deine schützende Hand auf mich. Dieses Wissen ist zu wunderbar für mich, zu groß, als dass ich es begreifen könnte. Du hast alles in mir geschaffen und hast mich im Leib meiner Mutter geformt. Ich danke dir, dass du mich so herrlich und ausgezeichnet gemacht hast! Wunderbar sind deine Werke, das weiß ich wohl. Du hast zugesehen, wie ich im Verborgenen gestaltet wurde, wie ich gebildet wurde im Dunkel des Mutterleibes. Du hast mich gesehen, bevor ich geboren war. Jeder Tag meines Lebens war in deinem Buch geschrieben. Jeder Augenblick stand fest, noch bevor der erste Tag begann. Wie kostbar sind deine Gedanken über mich, Gott! Es sind unendlich viele. Wollte ich sie zählen, so sind sie zahlreicher als der Sand. Und wenn ich am Morgen erwache, bin ich immer noch bei dir.

Psalm 139, 1-6, 14-18

Nachgedacht

✦ Gott weiß über dich Bescheid. Er weiß, ob du gerade am Frühstückstisch sitzt, an der Bushaltestelle stehst oder vor dem Fernseher schläfst. Er ist bei dir und legt seine schützende Hand auf dich. Bei ihm bist du sicher. Er hat deinen Namen auf seine Handfläche geschrieben. Du bist sein. Nimm dir einen Augenblick Zeit und danke ihm dafür, dass er dir nahe ist. Und bitte ihn, auch weiterhin bei dir zu sein und auf dich aufzupassen.

✦ Gott hat einen Plan für dein Leben. Er hat jeden Tag deines Lebens in sein Buch geschrieben. Versteh das nicht falsch, du bist nicht seine Marionette.

Vielmehr hat er Großes mit dir vor und er will dich beschenken – darum darfst du seinen Plänen folgen. Er kennt deine Träume, deine Sorgen, deine Ziele. Verbringe heute Zeit mit ihm im Gebet und erzähle ihm von deinen Träumen und Plänen. Und dann gib sie ihm ab. Du weißt doch, dass er es gut mit dir meint. Bitte ihn, dir auch von seinen Plänen für dein Leben zu erzählen.

To Pray

„Vater,
ich danke dir, dass ich dein Kind bin.
Danke, dass ich mich nicht zu verstellen brauche.
Danke, dass du bei mir bist
selbst dann, wenn ich dich gar nicht spüre.
Herr, du siehst meine Gedanken,
meine Sorgen und meine Träume für mein Leben.
Herr, ich lege sie dir hin und vertraue darauf,
dass du alles gut machen wirst.
Führe mich nach deinem Plan.
Ich will dir gehorchen, lieber Vater.
Amen."

16 STILLE VOR DIR, MEIN VATER

Stille vor dir, mein Vater
Neue Stille vor dir suche ich, Herr
Stille vor dir, ich höre
Rühre mich an durch dein Wort

Rede du, mein Vater, heute zu mir
Worte der Wahrheit kommen von dir
Rede du, mein Vater, heute zu mir
Du willst mich beschenken
Herr, hab Dank dafür

Stille vor dir ist Gnade
Aus der Stille vor dir schöpfe ich Kraft

Stille vor dir, will schweigen
Und ich öffne mein Herz nun für dein Wort

Stille vor dir ist Frieden
Und ich staune, o Herr, reden wirst du

Stille vor dir, mein Vater: Text & Melodie: Carsten Groß;

Aus: „Feiert Jesus! 2" Nr. 97

Ein Gott, der redet

Der methodistische Pastor Edward Bounds sagte einmal: „Es gibt nur wenige Christen, die eine vage Vorstellung von der Kraft des Gebets haben. Und es gibt noch weniger Christen, die diese Kraft auch wirklich erfahren.“ Könnte es sein, dass wir geistlich etwas verpassen, weil wir vergessen haben, was Beten bedeutet und bewirken kann? So oft denken wir doch, dass das Beten eher eine Last ist; etwas, das von uns erwartet wird. Aber das Gebet wird nicht von uns erwartet. Im Gegenteil: Wenn wir beten, können wir etwas von Gott erwarten!

Welch ein Geschenk! Was für ein Vorrecht! Wir dürfen mit Gott, dem Allmächtigen, reden wie ein Kind mit seinem Vater. Und doch geht unser Gebet oft nicht über eine Auflistung von Gebetsanliegen hinaus. „Gott, mach dies“, „Herr, segne das“ – ja, wir sagen ihm, was er zu tun hat und schließen dann mit „Amen“, ohne dass er auch nur einmal zu Wort kam. Haben wir vergessen, dass er Gott ist und nicht wir? Sollte nicht er zuerst reden dürfen? Sollte nicht er uns sagen, was wir zu tun haben, und nicht umgekehrt?

Gott möchte, dass unser Gebet ein Dialog ist und kein Monolog. Darum ist es auch so wichtig, vor Gott still zu werden, über ihn zu staunen und auf ihn zu hören. Er hat Worte der Wahrheit, mit denen er uns beschenken möchte. Wenn wir seine Stimme immer besser kennen lernen, dann wird es uns auch immer leichter fallen, seinen Ruf zu hören und ihm zu folgen.

Von ihm für dich

„Ein Hirte tritt durch das Tor ein. Der Torhüter öffnet ihm, und die Schafe hören seine Stimme und kommen zu ihm. Er ruft seine Schafe, die ihm gehören, beim Namen und führt sie hinaus. Wenn er seine Herde versammelt hat, geht er vor ihnen her, und die Schafe folgen ihm, weil sie seine Stimme kennen. Einem Fremden aber folgen sie nicht, sondern laufen vor ihm weg, weil sie seine Stimme nicht kennen. Ein Dieb will rauben, morden und zerstören. Ich aber bin gekommen, um ihnen das Leben in ganzer Fülle zu schenken. Ich bin der gute Hirte. Der gute Hirte opfert sein Leben für die Schafe. Meine Schafe hören auf meine Stimme; ich kenne sie, und sie folgen mir. Ich schenke ihnen das ewige Leben, und sie werden niemals umkommen. Niemand wird sie mir entreißen."

Johannes 10, 2-4; 10-11; 27-28

Nachgedacht

✦ Jesus ist der Hirte, der dich leitet und umsorgt. Er ruft dich, und du merkst, dass er dich meint und du folgst ihm. Das ist Jesusnachfolge. Die Grundvoraussetzung dafür ist, dass du ihn kennst und er dich kennt. Wie kannst du ihn und seine Stimme besser kennen lernen? Wie kann er dich besser kennen lernen?

- In unserer hektischen Gesellschaft ist es komisch, still zu werden und scheinbar nichts zu tun. Aber in der Stille darfst du loslassen. In der Stille darfst du ehrlich vor Gott sein, so wie du bist. Versuchst du dir und Gott beim Beten etwas vorzumachen? Betest du Gebetsanliegen und Floskeln runter oder bist du ehrlich vor Gott und sagst ihm, was dir wirklich auf dem Herzen liegt? Bitte Gott, dein Gebetsleben zu erneuern und zu bereichern. Sag ihm, dass du von ihm hören willst, was er von dir will.

To Listen

„Herr, mein Gott, du willst zu mir reden.
Ich will jetzt einen Moment still sein
und auf dich hören ..."

IM TAL

Herr, bei dir suche ich Schutz, lass mich nicht zugrunde gehen. Hilf mir durch deine Gerechtigkeit! Wende dich zu mir und höre mich. Rette mich schnell! Sei für mich ein schützender Fels, eine Festung, in der meine Feinde mich nicht erreichen können.

Psalm 31, 2-3

17 BLESSED BE YOUR NAME

Gelobt sei dein Name
In dem Land, in dem deine Fülle überströmt
Gelobt sei dein Name
Gelobt sei dein Name auch dann
Wenn ich mich in einer Wüste wieder finde
Selbst wenn ich durch die Wildnis gehe
soll dein Name gelobt werden

Was du mir schenkst
möchte ich dir als Lob zurückgeben
Auch wenn es um mich dunkel wird
werde ich dennoch sagen:

Gelobt sei der Name des Herrn
Gelobt sei dein herrlicher Name

Gelobt sei dein Name
Wenn die Sonne über mir scheint
Wenn alles so ist, wie es sein sollte
Gelobt sei dein Name
Gelobt sei dein Name auch auf dem Weg
der von Leiden gesäumt ist
Auch wenn das Opfer schmerzhaft ist –
dein Name soll gelobt werden

Du gibst und du nimmst
Mein Herz entscheidet sich dafür
deinen Namen zu loben

(freie Übertragung des englischen Liedtextes)

Dennoch anbeten

Anna war acht, als ihr Leben tragisch bei einem Autounfall endete. Es geschah nach der Turnstunde, zu der sie so gerne ging. Ihre Eltern verstanden Gott nicht mehr. Annas Mutter hatte so oft gebetet, dass Gott ihre Liebe zu ihm nicht durch Anna auf den Prüfstand stellt. Und jetzt hatte er sie zu sich genommen. Ihre Eltern konnten lange nicht in die Kirche gehen. Es war einfach zu schwer, auf der Kirchenbank zu sitzen und von einem lieben Gott zu hören, der Wunder tut. Durch Tränen mussten sie lernen, sich trotz allem wieder für Gott zu entscheiden. Er ist immer der gleiche Gott – in schönen Zeiten und in schweren Zeiten.

Auch wenn nicht jeder von uns solch einen Verlust erlitten hat, können wir sehr wohl nachempfinden, wie sich Annas Eltern gefühlt haben müssen. Wir kennen alle die Trauer, den Schmerz, das Leid. Und in solchen Zeiten ist es schwer, ein Loblied anzustimmen. Wenn im Leben alles wie am Schnürchen läuft, fällt es leicht, Gott anzubeten. Aber in stürmischen Zeiten ist es eine Überwindung zu sagen: „Dennoch will ich dich anbeten."

Wenn unser Boot ruhig im Wasser liegt, wird unser Vertrauen zu Gott kaum herausgefordert. Wir haben Vertrauen in einen Gott der Ruhe – aber haben wir auch Vertrauen in den Gott des Sturms? Anbetung wird dann zu einer Entscheidung, die wir treffen. Wir halten uns an Gott fest und sagen: „Gelobt sei der Name des Herrn." Gott ist größer als der Sturm. Er ist der Geber und er ist auch der, der nimmt. Warum er gibt und nimmt, werden wir oft nicht verstehen. Dennoch wollen wir ihm vertrauen, weil nur er uns auch durch das Leid tragen kann.

Von ihm für dich

Eines Tages, als Hiobs Söhne und Töchter im Haus ihres ältesten Bruders miteinander aßen und Wein tranken, traf ein Bote bei Hiob ein und überbrachte ihm folgende Nachricht: „Deine Ochsen waren beim Pflügen und die Esel weideten daneben, als die Sabäer uns plötzlich überfielen. Sie raubten uns die Tiere und töteten die Knechte. Ich bin als Einziger entkommen, um es dir zu sagen." Während der Mann noch sprach, kam ein anderer Bote und sagte: „Ein Blitz hat eingeschlagen und hat deine Schafe und ihre Hirten vernichtet. Ich bin als Einziger entkommen, um es dir zu sagen." Der Mann hatte noch nicht ausgeredet, als ein dritter Bote eintraf und berichtete: „Drei Räuberbanden von den Chaldäern haben deine Kamele gestohlen und deine Knechte umgebracht. Ich bin als Einziger entkommen, um es dir zu sagen." Während der Mann noch redete, folgte ein weiterer Bote mit einer Nachricht: „Deine Söhne und Töchter haben im Haus ihres ältesten Bruders ein Fest gefeiert. Plötzlich kam ein heftiger Wüstensturm auf und traf das Gebäude mit voller Wucht. Es stürzte ein und hat alle deine Kinder unter sich begraben. Ich bin als Einziger entkommen, um es dir zu sagen." Da stand Hiob auf und zerriss seine Kleider. Er schor sich den Kopf, warf sich vor Gott zu Boden und sagte: „Nackt bin ich aus dem Leib meiner Mutter gekommen, und nackt werde ich sein, wenn ich sterbe. Der Herr hat mir alles gegeben und der Herr hat es mir wieder weggenommen. Gelobt sei der Name des Herrn."

Hiob 1, 13-21

Nachgedacht

✦ Hiobs Leben wurde auseinandergenommen. Später wurde er auch noch von einer schlimmen Krankheit heimgesucht. Er litt und trauerte – und hielt sich dennoch an Gott fest und lobte seinen Namen. Vielleicht gehst du im Moment auch durch eine schwere Zeit? Vielleicht kannst du nachts nicht schlafen, weil der Schmerz dich wachhält? Lass dich ermutigen und entscheide dich für die Anbetung. Halte dich an ihm im Vertrauen fest.

„Gott, ich verstehe nicht,
warum die Dinge gerade so sind, wie sie sind.
Gott, ich frage mich, warum du das alles zulässt.
Du gibst und du nimmst – und es trifft mich so hart.
Herr, ich will dir dennoch vertrauen,
weil ich weiß, dass du alles gut machen wirst.
Gelobt sei dein herrlicher Name, mein Gott.
Was ich habe, kommt von dir,
mit allem, was ich bin, will ich dich loben.
Führe mich aus der Not
und überströme mich wieder mit deiner Fülle.
Ich warte auf dich.
Amen."

18 PSALM 13 (WIE LANGE NOCH)

Wie lange noch vergisst du mich, Herr?
Wie lange noch verbirgst du dich vor mir?
Wie lange noch ist die Seele voller Angst
Und Tag für Tag drücken Sorgen auf mein Herz?

Wende dich doch zu mir
O Gott, mein Vater
Bring Licht in mein Dunkel
Bevor ich falle, Herr

Doch ich will deiner Liebe vertraun
Ja, mein Herz soll sich freun
Ich singe von deiner Liebe zu mir
Denn du bist gut, wie du es warst, mein Herr

Psalm 13 (Wie lange noch): Originaltitel: Psalm 13 (How Long O Lord);
Text & Melodie: Steve & Karen Mitchinson, Daphne Rademaker & Brian Doerksen;
Dt. Text. Christian Bachmann;
Aus: „Feiert Jesus! 3" Nr. 108

Wo bitte ist Gott?

Die meisten von uns tun sich schwer damit, den Schmerz und den Frust an Gott rauszulassen. Wenn unser Leben von Stürmen heimgesucht wird, ziehen wir es vor, Gott aus dem Spiel zu lassen. Wir versuchen selbst mit der Situation fertig zu werden. Vor Gott tun wir dann so, als ob alles in Ordnung wäre. Wir danken ihm für seine Gegenwart und dass er uns so reich beschenkt. Doch in unserm Inneren sehnen wir uns nach seiner Nähe und Fülle. Passt das zusammen? Belügen wir da nicht Gott und uns selbst?

In den Psalmen wird die Anklage gegen Gott nicht ausgespart. Sie sind ein Gebetsbuch, in dem sich die Menschen bei Gott sowohl bedanken als auch beschweren. Das macht die Psalmen auch so ehrlich – die Gebete sind mit Lebenssituationen verbunden und keine leeren Floskeln. Gottesanklage hat nichts mit Unglaube zu tun, im Gegenteil. Wir dürfen zu Gott mit jeder Sorge und Beschwerde kommen und sie bei ihm loswerden. Das ist ehrlicher Glaube. In einem Nazi-KZ stand an einer Zellenwand folgender Spruch eingeritzt: „Ich glaube an die Sonne – auch wenn sie nicht scheint. Ich glaube an die Liebe – auch wenn ich sie nicht spüre. Ich glaube an Gott – auch wenn er schweigt."

Oftmals scheint es, als ob Gott uns vergessen hat. In solchen Situationen dürfen wir nach ihm rufen. Wir dürfen ihn an sein Versprechen erinnern, uns treu zu sein. Solange wir auf diesem Planet leben, müssen wir auch leiden – das gehört zum Leben. Gott nimmt uns das Leid nicht weg. Aber er kam, um die Last zu tragen. Durch das Leiden Jesu hat sich Gott mit unserem Leid identifiziert. So hat Jesus selbst am Kreuz geschrien: „Mein Gott, mein Gott, warum hast du mich verlassen?“ Und wenn wir zu Gott kommen und klagen und weinen, dann gilt sein Versprechen, dass er unser Gebet erhört und mit uns sein wird.

Von ihm für dich

> Herr, wie lange willst du mich noch vergessen? Wie lange willst du dich noch von mir abwenden? Wie lange soll meine Seele noch sorgen und mein Herz täglich aufs Neue trauern? Wie lange wird mein Feind noch die Oberhand behalten? Wende dich mir zu und erhöre mich, Herr, mein Gott! Mach es wieder hell vor meinen Augen, damit ich nicht sterbe. Lass nicht zu, dass meine Feinde triumphieren und sagen: „Wir haben ihn besiegt!“ Lass nicht zu, dass sie jubeln, weil ich unterliege. Ich vertraue auf deine Gnade. Ich freue mich, dass du mich retten wirst. Ich will dem Herrn ein Loblied singen, weil er so gut zu mir war.
>
> Psalm 13, 2-6

Nachgedacht

✦ Der Psalmist wendet sich mit seinen Sorgen und Ängsten an Gott, weil Gott mit ihm einen Bund geschlossen hat. Vielleicht geht es dir im Moment wie dem Psalmschreiber. Vielleicht fühlst du dich auch so, als ob Gott weit weg von dir ist. Bete zu Gott und erinnere ihn an sein Versprechen, treu zu sein. Du darfst ehrlich nach ihm rufen und ihm sagen, was dir nicht passt. Und dann lass auch los und gib ihm die Sorgen und Nöte ab. Vertraue ihm, dass er sich um deine Angelegenheiten kümmern wird.

To Pray

„Gott, wo bist du?
Gott, hörst du mein Rufen?
Siehst du meine Situation?
Warum ist das alles so gekommen?
Herr, bitte hol mich hier wieder raus.
Mach es wieder hell in meinem Leben.
Komm mit deinem Geist und leuchte mit deinem hellen Licht. Herr, ich vertraue dir, dass du es gut machen wirst. Ich werde loslassen und auf dich warten. Erinnere dich an dein Versprechen und an deinen Bund. Herr, ich brauche dich.
Bitte hilf mir!
Amen."

19 GOTT ZEIGT MIR DEN WEG

Gott zeigt mir den Weg
Wenn ich keinen Ausweg seh
Bei ihm ist alles gut geplant
Besser als ich je geahnt

Gott zeigt mir den Weg
Wenn ich nur ganz mit ihm geh
Und meine Sorgen auf ihn leg
Zeigt er mir den Weg
Gott zeigt mir den Weg

Gott zeigt mir den Weg: Originaltitel: God Will Make A Way; Text & Melodie: Don Moen;
Dt. Text: Gerhard Schnitter. © 1990 Integrity's Hosanna! Music;
Für D, A, CH: Gerth Medien Musikverlag, Asslar
Aus: „Feiert Jesus! 1" Nr. 187

Willst du gesund werden?

Wenn die Welt über uns zusammenbricht und wir keinen Ausweg mehr sehen, dann möchte Gott uns den Weg zeigen. Wenn kein Licht am Ende des Tunnels scheint, kennt er den Weg zum Notausgang. Jesus sagt: „Siehe, ich mache alles neu" – und er macht es besser, als wir es erahnen können. Er möchte uns aus dem Dunkel ins Licht führen, Er möchte uns Hoffnung schenken, er möchte uns heil machen, er möchte unsere Trauer in einen Tanz der Freude verwandeln. Das ist unsere Zuversicht. Deshalb brauchen wir uns nicht zu fürchten.

Jesus ging einmal an Bethesda vorbei, einem Teich in Jerusalem, an dem die Kranken lagen. Dort saß ein Mann, der seit 38 Jahren krank war. Den Großteil seines Lebens verbrachte er in Schmerzen und Leid. Sein Leben war anders als das anderer Menschen. Er konnte nicht zur Schule gehen, konnte nicht heiraten, konnte nicht arbeiten... Seine Krankheit war seine Identität. Und so lag er da in seinem Leid, als Jesus vorbeikam. Jesus fragte ihn: „Willst du gesund werden?" Was für eine Frage! Das ist, als würde man ein Kind fragen: „Willst du Schokolade?", oder einen Fußballer: „Willst du ein Tor schießen?" Machte sich Jesus über ihn lustig? Das war doch wohl selbstverständlich, dass er gesund werden wollte.

Aber Jesus wollte dem Kranken wirklich auf den Zahn fühlen. Denn Jesus wusste ganz genau, dass es so viele Menschen gibt, die leiden und dabei in ihrem eigenen Selbstmitleid versinken. Sie wollen das Mitgefühl und die Gebete der anderen Menschen mehr, als tatsächlich wieder gesund werden. Solche Menschen sind unheilbar. Der Mann war seit 38 Jahren krank und er hatte es sich wohl recht gemütlich gemacht auf seiner Matte. Deshalb fragte ihn Jesus: „Willst du gesund werden – auch wenn das heißt, dass dein Leben danach ganz anders sein wird als bisher?“ Und so fragt uns Jesus auch: „Willst du gesund werden? Willst du den Weg gehen, den ich dir zeigen möchte – auch wenn dieser ganz anders ist, als du es vielleicht gerne hättest?“

Von ihm für dich

Danach ging Jesus zu einem der jüdischen Feste nach Jerusalem hinauf. Innerhalb der Stadtmauern, in der Nähe des Schaftores, befindet sich ein Teich mit fünf Säulenhallen, der auf Hebräisch Bethesda genannt wird. Scharen von kranken Menschen – Blinde, Gelähmte oder Verkrüppelte – lagen in den Hallen und warteten auf eine bestimmte Bewegung des Wassers, denn von Zeit zu Zeit kam ein Engel des Herrn und bewegte das Wasser. Und wer danach als Erster ins Wasser stieg, wurde geheilt. Einer der Männer, die dort lagen, war seit achtunddreißig Jahren krank. Als Jesus ihn sah und erfuhr, wie lange er schon krank war, fragte er ihn: „Willst du gesund werden?“ „Herr, ich kann nicht“, sagte der Kranke, „denn ich habe niemanden, der mich in den Teich trägt, wenn sich das Wasser bewegt. Während ich noch versuche hinzugelangen, steigt immer schon ein anderer vor mir hinein.“ Jesus sagte zu ihm: „Steh auf, nimm deine Matte und geh!“ Im selben Augenblick war der Mann geheilt! Er rollte die Matte zusammen und begann umherzugehen.

Johannes 5, 1-9

Nachgedacht

✦ Der Mann am Teich war schon viele Jahre krank und hat sich womöglich mit seiner Situation irgendwie abgefunden. Vielleicht gibt es in deinem Leben auch einen Schmerz, den du schon lange spürst? Vielleicht beginnst du in deinem eigenen Selbstmitleid zu versinken? Wenn Jesus dich jetzt fragt: „Willst du gesund werden? Willst du den Weg gehen, den ich dir zeige?“, was antwortest du ihm dann? Überleg dir deine Antwort gut und ehrlich und sag sie ihm dann im Gebet.

✦ Der Mann am Teich lag auf seiner Matte – sie war sein Fundament. Als Jesus ihn geheilt hatte, sagte er ihm, dass er seine Matte zusammenrollen soll. Solange der Mann auf seiner Matte lag, konnte er nicht den Weg gehen, den Jesus ihm zeigen wollte. Wenn du den Weg gehen möchtest, den Gott dir zeigt, bist du dann auch bereit, am Fundament deines Lebens zu rütteln, wenn Jesus es von dir möchte? Bist du bereit, die Matte zu verlassen? Bitte Gott im Gebet um Veränderung für dein Leben und dass er dir die Kraft schenkt, das Alte loszulassen, um offen zu werden für das Neue.

To Pray

„Herr Jesus Christus,
ich danke dir, dass du mir den Weg zeigen möchtest.
Ich danke dir, dass du mich
aus meinem Elend befreien möchtest.
Herr, verändere mein Herz,
so dass ich offen werde für deine Heilung.
Ich möchte nur ganz mit dir gehen
und meine Sorgen nur auf dich legen.
Du siehst mein Leid und meinen Schmerz,
hilf mir auf und befreie mich von der Matte.
Du allein sollst meine Hoffnung sein.
Amen.“

20 SEI MIT MIR

Jesus, du kennst alle meine Sorgen
Und du weißt, was mich bewegt
Nichts brauch ich vor dir verbergen
Denn ich weiß, dass du verstehst

Mein Leben liegt in deinen Händen
Wenn mich Finsternis umgibt, bist du bei mir
Ja, du trägst mich durch alle Zeiten
Und führst mich auf dem Weg zu dir

Sei mit mir im tiefsten Tal
Begleite mich durch die Nacht
Jesus, halte mich in deiner Gegenwart

Immer wirst du bei mir bleiben
Durchs Dunkel führst du mich ans Licht
Du wirst niemals von meiner Seite weichen
Ja, du hältst, was du versprichst

Sei mit mir: Text & Melodie: Florian Ostertag;

Aus: „Feiert Jesus! 3“ Nr. 86

Behirtet

Wenn es in unserem Leben durchs tiefste Tal geht, fühlen wir uns oft alleine. Gott scheint weit weg zu sein und wir fragen uns: „Warum ist Gott so schwer zu finden?“ oder „Wenn seine Schafe seine Stimme hören, warum höre ich nichts?“ Wir sehnen uns danach, die Realität hinter dem Gebet des Mose – „Der Herr segne dich und behüte dich, der Herr lasse sein Angesicht leuchten über dir und sei dir gnädig“ – zu erfahren. In solchen Situationen müssen wir lernen, nicht die Probleme und Sorgen festzuklammern, sondern uns an die Versprechen Gottes zu erinnern.

Das zentrale Versprechen der Bibel ist nicht: „Ich vergebe dir“, sondern: „Ich werde bei dir sein.“ So hat es Gott Noah, Abraham, Mose, David, Maria, den Jüngern und vielen, vielen anderen versprochen. Mit Jesus kam der Immanuel auf die Welt, der „Gott-mit-uns“. Und als er diesen Planeten wieder verließ, kam der Paraklete, der Heilige Geist, der in uns wohnt. Gottes Versprechen, uns zur Seite zu stehen, gilt bis heute. Daran dürfen wir uns festklammern. Er trägt uns, führt uns, begleitet uns und wird niemals von uns weichen.

Weil dieses Versprechen gilt, dürfen wir ihn auch immer darum bitten, uns nahe zu sein, so wie Schafe, die aus der Sichtweite des Hirten geraten sind. Wie ein Schaf in solch einer Situation nach Hilfe ruft, dürfen auch wir nach Hilfe rufen. Gott der Herr „behirtet“ uns – mehr brauchen wir nicht. Er gibt uns Nahrung, zeigt uns den Weg und passt auf uns auf. Wenn wir im dunklen Tal sind, hört er unser Rufen und wird uns hinausführen zu einem reichlich gedeckten Tisch. Dort schenkt er uns so voll ein, dass unser Glas überläuft. Seine Güte und Hesed-Liebe wird uns umhüllen – dafür setzt er seinen Ruf aufs Spiel.

Von ihm für dich

Der Herr ist mein Hirte, ich habe alles, was ich brauche. Er lässt mich in grünen Tälern ausruhen, er führt mich zum frischen Wasser. Er gibt mir Kraft, er zeigt mir den richtigen Weg um seines Namens willen. Auch wenn ich durchs dunkle Tal des Todes gehe, fürchte ich mich nicht, denn du bist an meiner Seite. Dein Stecken und Stab trösten mich. Du deckst mir einen Tisch vor den Augen meiner Feinde. Du nimmst mich als Gast und salbst mein Haupt mit Öl. Du überschüttest mich mit Segen. Deine Güte und Gnade begleiten mich alle Tage meines Lebens und ich werde für immer im Hause des Herrn wohnen.

Psalm 23

Nachgedacht

- Wie ein Schaf in der Not nach seinem Hirten schreit, dürfen wir in der Not nach Gott rufen und ihn bitten, uns aus dem finsteren Tal zu führen. Vielleicht bist du im Moment in genau solch einer Situation. Dann rufe jetzt nach deinem Hirten. Bitte ihn um Hilfe, Beistand und Befreiung.

- David schrieb: „Dein Stecken und Stab trösten mich." Wir sind wie kleine, dumme Schafe, die nicht wissen, wo links und rechts ist. Wir wissen nicht, was gut für uns ist und was nicht. Aber wir haben Jesus, unseren Hirten, der uns mit seinem Stab auf „dem richtigen Weg um seines Namens willen" hält. Gibt es Bereiche in deinem Leben, die du lieber selber lenken möchtest? Gibt es bei dir eine Sünde, die du zu einer Un-Sünde umdefiniert hast? Bitte Gott um Vergebung und auch darum, dir zu helfen, nicht nach deinen, sondern nach seinen Maßstäben zu leben. Bitte ihn, dich durch Stecken und Stab auf einem reinen Weg zu halten.

To Pray

„Herr Jesus Christus,
du bist mein Hirte, der auf mich aufpasst.
Herr, so oft verheddere ich mich im Gebüsch
und manchmal fühle ich mich so alleine im Tal.
Ich bitte dich, dass du mir beistehst,
mich herausholst und mich neu ausrichtest.
Lass mich spüren, dass du mir nahe bist.
Jesus, führe mich mit deinem Stecken und Stab.
Nur du kennst den Weg und du weißt,
was am besten für mich ist.
Leite mich – um deines Namens willen.
Amen."

21 MIT ALLER KRAFT

In deine Hand gebe ich mich hin
Mit allem, was ich bin, Herr
Denn du, mein Gott, hältst die Welt in der Hand
Und ich bin dein für immer

Jesus, ich vertraue dir
Jesus, ich gehöre dir
Und ich lebe nur durch dich
Für dich nur singe ich mit aller Kraft

Ich geh mit dir, wohin du auch gehst
In Freud und Leid vertrau ich dir
Nach deinem Wort und Willen
Will ich leben ewiglich, mein Jesus

Dich anbeten, möchte ich, mein Herr

Mit Gott über die Niagarafälle

In schwierigen Lebenssituationen bleibt uns eigentlich gar nichts anderes übrig, als Gott zu vertrauen. Er hat versprochen, es gut zu machen, darum hoffen wir getrost und unverzagt, und warten auf den Herrn. Vertrauen ist aber gar nicht so einfach. Es ist eine Sache, an Gott zu glauben, aber es braucht Mut und Zuversicht, in schweren Situationen auch loszulassen und ihm zu vertrauen.

Jean-François Gravelet, kurz Blondin, war ein französischer Seiltänzer im 19. Jahrhundert. Er wurde berühmt, als er auf einem Hochseil über die Niagarafälle lief. Die Menschenmenge, die das damals beobachtete, war begeistert und feierte Blondin wie einen Helden. Als er wieder Boden unter den Füßen hatte, fragte er die Menge: „Glaubt ihr, dass ich noch mal über das Seil laufen kann, und diesmal einen Schubkarren mit hinüberfahre?“ In ihrer Begeisterung jubelten die Leute: „Ja, wir glauben, dass du das schaffst. Du bist der Beste, Blondin!“ Blondin sagte dann: „Ok, ihr glaubt, dass ich es schaffe. Wer von euch setzt sich in den Schubkarren?“

So ist das auch mit uns und Gott. Wir rufen ihm in unserer Begeisterung zu, dass bei ihm nichts unmöglich ist. Aber wenn es dann um unser persönliches Leben geht, fällt es uns schwer, ihm zu vertrauen. Dieses Problem hatten schon die ersten Christen. Jakobus schrieb: „Du glaubst, dass es nur einen Gott gibt? Da hast du Recht! Das glauben auch die Dämonen, und sie zittern vor Angst.“ Der Glaube fordert uns heraus, nicht nur mit dem Verstand eine bestimmte Dogmatik zu unterstreichen, sondern dem lebendigen Gott unser Leben anzuvertrauen. Was auch immer unsere Lebenssituation sein mag, wir dürfen und sollen loslassen und dem vertrauen, der Situationen verändern und Wunden heilen kann.

Die Jubelrufe der Menschenmenge bedeuteten Blondin gar nichts, weil sie ihm nicht vertrauen konnten. Unsere Anbetungslieder sind für Gott wertlos, wenn wir nicht bereit sind, uns in seinen Schubkarren zu setzen.

Von ihm für dich

Warum also, sagst du, Jakob, und du, Israel: „Der Herr weiß nicht, wie es mir geht und mein Recht ist ihm egal.“ Weißt du es denn nicht? Hast du denn nicht gehört? Der Herr ist ein ewiger Gott, der Schöpfer der ganzen Erde. Er wird nicht matt oder müde. Sein Verstand ist unergründlich. Er gibt den Erschöpften neue Kraft; er gibt den Kraftlosen reichlich Stärke. Es mag sein, dass selbst junge Leute matt und müde werden und junge Männer völlig zusammenbrechen, doch die, die auf den Herrn warten, gewinnen neue Kraft. Sie schwingen sich nach oben wie ein Adler. Sie laufen schnell, ohne zu ermüden. Sie werden gehen und werden nicht matt.

Jesaja 40, 27-31

Nachgedacht

+ Vielleicht kommt es dir im Moment so vor, als ob Gott dich vergessen hat. Aber Gott schläft nicht. Er weiß ganz genau, wie es dir geht und er will dir Kraft und Stärke schenken. Die, die auf den Herrn warten und vertrauen, gewinnen neue Kraft. Vertrauen ist manchmal schwer, weil wir zweifeln. Jesus sagte einmal zu dem Vater eines besessenen Jungen: „Alles ist möglich für den, der glaubt." Der Vater entgegnete dann: „Ich glaube! Aber hilf mir, dass ich nicht zweifle." Wenn es dir schwerfällt zu vertrauen, dann bitte ihn jetzt darum, dir zu helfen nicht länger zu zweifeln.

To Pray

„Lieber Vater, danke, dass du es gut mit mir meinst und dass du mich ans andere Ufer bringen möchtest. Herr, du siehst, wie schwer es mir wieder fällt, dir von ganzem Herzen zu vertrauen. Das tut mir Leid, weil ich weiß, dass dir alles möglich ist. Herr, du weißt, wie ich mich oft an falsche Sicherheiten klammere. Vater, hilf mir loszulassen, so dass meine Hände offen sind, um deinen Segen und deine Hilfe zu empfangen. Ich weiß, dass du mir Kraft schenken möchtest und mich fliegen sehen willst wie einen Adler. Ich glaube das! Herr, hilf mir, dass ich nicht zweifle. Amen."

VERÄNDERT IN SEIN BILD

Der Gott des Friedens heilige euch durch und durch. Er schütze euren Geist, eure Seele und euern Körper, damit sie unversehrt sind, wenn Jesus Christus, unser Herr, wiederkommt. Gott, der euch berufen hat, ist treu; er wird halten, was er versprochen hat.

1. Thessalonicher 5, 23-24

22 BIS ANS ENDE DER WELT

Bis ans Ende der Welt
Bis ans Ende der Zeit
Deine Liebe hält bis in Ewigkeit
Sie wird niemals vergehn
Sie steht fest und sie bleibt
Wenn der Vorhang fällt
Und der Tag sich neigt

Niemand und nichts kann uns trennen von dir
Deine Liebe ist stark wie der Tod
Wenn du für uns bist, wer kann gegen uns sein
Denn auf ewig bist du unser Gott

Botschafter Christi

Als Christen wissen wir, dass Gott uns liebt. Wir haben das in unseren Köpfen verstanden. Aber haben wir es auch mit unseren Herzen verstanden? Können wir wirklich darüber staunen, dass der heilige, ewige, allwissende, allmächtige, gerechte und barmherzige Gott uns liebt – bedingungslos? Und das Beste ist, dass er uns nicht lieben müsste, sondern dass er uns lieben möchte. Er hat in sich alle Fülle und braucht die Menschheit nicht, um glücklich zu werden. Aber er möchte uns an seiner Fülle teilhaben lassen. Er wählt uns, schätzt uns und schenkt uns ein reichliches und herrliches Erbe. Das Paradoxe daran ist, dass Gott uns nicht braucht, aber uns möchte, während wir Gott nicht möchten, ihn aber brauchen. Wir sind komplett auf seine Liebe angewiesen.

Gott möchte nun, dass wir als Gemeinde ihn und seine Liebe auf der Erde repräsentieren. Die Bibel sagt uns, dass wir Botschafter Christi sein sollen, weil Gott uns gebrauchen möchte, um durch uns Menschen anzusprechen. Das ist eine ziemlich aufregende Verantwortung und eine große Ehre. Wir sind Gottes Botschafter, seine Stellvertreter auf der Erde. Und wir sollen die Menschen um uns herum so lieben, wie er sie liebt. Denn er will sie auch mit dabeihaben und ihnen Anteil an seinem Erbe geben.

Gottes Liebe ist die perfekte Liebe. Und auch wenn wir es wohl nie schaffen werden, andere so bedingungslos zu lieben, wie er es tut, ist es trotzdem ein

Ansporn, seinem Beispiel zu folgen. Jesus sagt zu uns: „Ich liebe dich. Aber nicht wegen deinem Aussehen, deinem Geld, deinen Gaben, deinem Humor oder deiner Familie. Ich liebe dich, weil du du bist. Ich liebe dich so wie du bist." Und so sollen wir auch die Menschen um uns herum lieben. Ohne Vorurteile, moralische Bedingungen oder Mindestverdienst – einfach lieben, bis ans Ende der Welt.

Von ihm für dich

> Die Liebe ist geduldig und freundlich. Sie ist nicht neidisch oder überheblich, stolz oder anstößig. Sie lässt sich nicht reizen, und wenn man ihr Böses tut, trägt sie es nicht nach. Sie freut sich niemals über Ungerechtigkeit, sondern sie freut sich immer an der Wahrheit. Die Liebe erträgt alles, verliert nie den Glauben, bewahrt stets die Hoffnung und bleibt bestehen, was auch geschieht. Die Liebe wird niemals aufhören.
>
> 1. Korinther 13, 4-8a

Nachgedacht

- Dieser Text wird oft auf Hochzeiten im romantischen Teil des Traugottesdienstes vorgelesen. Dabei geht es in diesem Text nicht so sehr um Ehe, sondern um Jesus. Lies den Text nochmals und ersetze das Wort „Liebe“ mit „Jesus“: „Jesus ist geduldig und freundlich. Er ist nicht neidisch usw...“ Danke Jesus im Gebet für seine unendliche und bedingungslose Liebe.

- Wenn wir Christus ähnlicher werden wollen, dann gelten für uns die Maßstäbe seiner Liebe. Lies den Text aus 1. Korinther 13 nochmals, und setze diesmal deinen Namen anstelle von „Liebe“ ein: „... ist geduldig und freundlich. Er/Sie ist nicht neidisch usw...“ Trifft das zu, was du gerade gelesen hast? Bitte Gott, dich so in sein Bild zu verändern, dass du andere so lieben kannst, wie er sie liebt.

To Pray

„Jesus,
ich kann nicht mal im Ansatz begreifen,
wie sehr du mich liebst.
Aber je mehr ich davon verstehe,
umso mehr merke ich, dass ich deine Liebe nicht verdiene.
Ich danke dir, dass du mich liebst, so wie ich bin.
Ich danke dir auch,
dass ich nicht so zu bleiben brauche, wie ich bin.
Danke, dass du mich verändern möchtest
und einen neuen Menschen aus mir machen möchtest.
Verändere mich in dein Bild, Jesus.
Ich möchte immer mehr so werden wie du.
Mach mich zu einem liebenden Menschen
und zu einem deiner Botschafter in dieser Welt.
Amen."

23 HERRLICHER GOTT

Herrlicher Gott, liebender Retter
Ich weiß genau
All meine Tage sind in deiner Hand
Kunstvoll erdacht, perfekt geplant

Du rufst mich freundlich
Ziehst mich zu dir hin
Durch deinen Geist führst du mich, Jesus
Lehre mich, Herr,
Mein Leben zu sehn, wie du es siehst

Mit heiligem Ruf bin ich berufen
Hier bin ich, Herr
Ich weiß mich gezogen nah an dein Herz
Führe mich, mein Gott

Nimm mich, forme mich
Fülle und gebrauche mich
Ich lege mich ganz in des Töpfers Hand
Rufe mich, führe mich
Leite mich und begleite mich
Ich lege mich ganz in des Töpfers Hand

Herrlicher Gott: Originaltitel: The Potter's Hand; Text & Melodie: Darlene Zschech;
Dt. Text: Daniel Jacobi;
Aus: „Feiert Jesus! 2 Nr. 198

Der Künstler bei der Arbeit

Jesus möchte uns verändern in sein Bild. Wir wurden zwar nach seinem Bild geschaffen, aber wir sind von ihm weggelaufen. Und nun setzt Gott alles daran, uns wieder zu dem zu machen, wie er uns eigentlich haben wollte. Durch Jesus vergibt er uns unsere Schuld, nimmt uns wieder in seine Gemeinschaft auf und will uns verändern, so dass wir Christus immer ähnlicher werden.

Verändert zu werden ist für uns unangenehm. Solange wir selbst an uns arbeiten und uns zu verändern versuchen, scheint uns das noch zumutbar. Aber verändert zu werden, bedeutet, dass jemand anderes die Kontrolle hat. Und das kann ungemütlich werden. Wir leben in einer „Do-it-Yourself"-Gesellschaft und die Kontrolle abzugeben geht total gegen den Trend. Dann sitzen wir nicht mehr am Hebel und haben nicht länger alles unter Kontrolle. Wir werden zum Objekt des Töpfers, der uns formen möchte.

Wenn wir uns der Hand des Töpfers überlassen, dann ist das vertrauende Hingabe. Wir halten nichts zurück, weil wir wissen, dass er es gut mit uns meint. Wir spüren, dass er uns zu dem machen möchte, wie er uns haben will. Dabei sind wir bei ihm geborgen, auch wenn es wehtut. Der Töpfer hat einen Plan mit uns. Er ist mehr als nur ein Handwerker, er ist ein Künstler. In seiner Hand werden wir gewissermaßen wie deformierte Tonkrüge in vollendete Kunstwerke verwandelt.

Von ihm für dich

Der Herr gab Jeremia eine weitere Botschaft. Er sprach: „Geh zu der Werkstatt des Töpfers hinunter. Ich will dir dort etwas sagen.“ Ich ging zur Töpferwerkstatt und traf den Töpfer an seiner Töpferscheibe an. Wenn ein Gefäß, an dem er arbeitete, seinen Erwartungen nicht entsprach, nahm er den Ton und formte ein neues Gefäß daraus, bis es genau so aussah, wie er es haben wollte. Da sagte mir der Herr Folgendes: „Israel, warum sollte ich es mit dir nicht genauso machen können wie dieser Töpfer? Wie der Ton in der Hand des Töpfers, so bist du in meiner Hand.“

Jeremia 18, 1-6

Nachgedacht

✦ Du bist wie der Ton in der Hand des Töpfers. Lass dich von ihm verändern. Sonst verpasst du all das, was Gott für dich geplant hat. Er will ein Kunstwerk aus dir machen – aber nicht für seine Vitrine, sondern für seinen Werkzeugkasten. Bitte Gott dich zu formen. Leg dein ganzes Leben in seine Hand und vertraue ihm, dass er es gut machen wird.

+ Vielleicht hast du solch eine Entscheidung schon vor Jahren getroffen. Aber dann ist in deinem Leben etwas passiert. Vielleicht hast du der sexuellen Versuchung nachgegeben, vielleicht hast du in der Schule geschummelt, vielleicht hast du deine Eltern falsch behandelt ... Und nun merkst du, dass du in deiner Nachfolge nicht mehr so glücklich bist, wie du einmal warst. Die Freude ist weg. Bitte Gott um Vergebung und leg dein Leben erneut in seine Hand. Er kann aus dir ein neues Kunstwerk formen.

To Pray

„Mein Herr, mein Gott,
du bist der Töpfer, ein genialer Künstler.
Danke, dass du mich formen möchtest.
Du siehst meine Macken, Kratzer und Risse.
Herr, verändere mich so, wie du mich haben möchtest.
Ich gebe mich dir ganz hin.
Ich bin dein – nimm mich, forme mich.
Du hast den perfekten Plan für mich.
Hab vielen Dank dafür!
Amen.“

24 FEUER DES HERRN

Reinige mein Herz
Mach mich rein wie Gold in deinem Feuer
Reinige mein Herz
Mach mich rein wie Gold, pures Gold

Feuer des Herrn
Danach verlangt mein Herz
Mach mich ganz heilig
Dir allein will ich dienen
Herr, mach mich ganz heilig
Dir allein will ich dienen, mein Meister
Und deinen Willen tun

Reinige mein Herz
Nimm, was mich trennt von dir
Und mach mich heilig
Reinige mein Herz
Nimm, was mich trennt von dir, tief in mir

Feuer des Herrn: Originaltitel: Refiner's Fire; Text & Melodie: Brian Doerksen;
Dt. Text: Albert Frey; © 1990 ION Publishing/Vineyard Songs Canada;
Für D, A, CH: Gerth Medien Musikverlag, Asslar
Aus: „Feiert Jesus! 1" Nr. 79

Infusion gegen die Sünde

„Herr, mach mich ganz heilig!“ Dieses Gebet wird leider viel zu häufig vergessen. Uns wurde vergeben, und doch sind wir nicht wirklich frei. Die Schuld der Sünde ist von uns genommen, aber die Sünde scheint immer noch über uns zu herrschen. Wir tun Dinge, die wir gar nicht tun wollen. Wir lieben Jesus und wenden uns doch immer wieder von ihm ab. Paulus schreibt in Galater 5, dass in unseren Herzen ein Kampf stattfindet, ein Streit zwischen unseren sündigen Neigungen und dem, was der Heilige Geist in uns bewirken möchte.

Durch seinen Tod am Kreuz will uns Jesus nicht nur die Schuld vergeben, er will auch diesen Kampf in unseren Herzen zu Ende bringen und uns ganz heilig machen. Er hat die Sünde besiegt und sie soll uns nicht länger beherrschen. Heiligung ist ähnlich wie Errettung: Wir können nicht viel dafür tun, sie wird uns unverdient geschenkt. Und wir staunen dankbar darüber, dass seine Gnade unendlich ist. In den Evangelien lesen wir, dass keiner – weder der Steuereintreiber noch die Prostituierte – Jesu Aufmerksamkeit und Heilung verdient hat. Heiligung ist ein Geschenk Gottes. Deshalb beten wir: „Herr, mach mich ganz heilig!“

Christsein ist keine „Es-war-einmal-Geschichte“, die irgendwann in unserem Leben stattgefunden hat, als wir uns für Jesus entschieden haben. Christsein ist Nachfolge, eine Reise, auf der wir in seiner Gnade wachsen und geheiligt werden. John Wesley lehrte die gratia infusa, die „Gnaden-Infusion“, die Gott uns immer mehr „einspritzt“, damit wir heilig sein können und nicht länger der Sünde nachgeben müssen. Jesus hat gesiegt und er will uns Sieg schenken. Darum beten wir: „Herr, mach mich ganz heilig!“

Von ihm für dich

> Bemüht euch daher um ein klares, nüchternes Denken und um Selbstbeherrschung. Setzt eure ganze Hoffnung auf die Gnade, die euch bei der Wiederkehr von Jesus Christus erwartet. Gehorcht Gott, weil ihr seine Kinder seid. Fallt nicht in eure alten, schlechten Gewohnheiten zurück. Damals wusstet ihr es nicht besser. Aber jetzt sollt ihr in allem, was ihr tut, heilig sein, genauso wie Gott, der euch berufen hat, heilig ist. Denn er hat selbst gesagt: „Ihr sollt heilig sein, weil ich heilig bin!“
>
> 1. Petrus 1, 13-16

Nachgedacht

✦ Petrus schreibt hier von den schlechten Gewohnheiten. Und Paulus gibt uns in Galater 5 den Tipp, diese schlechten Gewohnheiten mit Jesuseigenschaften ersetzen zu lassen: Liebe, Freude,

Frieden, Geduld, Freundlichkeit, Güte, Treue, Sanftmut und Selbstbeherrschung. Diese „Früchte des Geistes“ werden in dir ganz selbstverständlich wachsen, wenn du mit ihm verbunden bist. Kein Baum muss sich selbst anstrengen, um fruchtbar zu sein. Er muss nur richtig verwurzelt sein. Wo hast du deine Wurzeln geschlagen? Bist du eng mit Jesus verbunden? Kann er dir seine Gnaden-Infusion „einspritzen“? Bitte ihn, dich zu einem fruchtbaren und heiligen Menschen zu machen. Bitte ihn darum, dich von der Macht der Sünde zu befreien.

To Pray

„Jesus, du mein Sieg,
bitte mach mich frei von der Sünde,
die mich immer noch kontrolliert.
Herr, mach mich ganz heilig.
Ich möchte so leben, wie du es möchtest.
Ich möchte offen sein, für deine
Gnadeninfusionen, für die Früchte, die du in mir
wirken willst.
Herr, nimm weg, was mich von dir trennt.
Und verändere mich immer mehr in dein Bild –
so wie du mich haben möchtest.
Ich möchte heilig sein, weil du heilig bist.
Amen.“

25 JESUS, NIMM ZU

Jeden Tag ein Stückchen sterben
Loszulassen, was mich hält
Vieles muss noch anders werden
Bis es passt in Gottes Welt

Manche Träume muss ich lassen
Wünsche bleiben unerfüllt
Mir bleibt nichts, als zu vertrauen
Dass du meine Sehnsucht stillst

Jesus, nimm zu in meinem Leben
Jesus, mein Herz will ich dir geben
Du sollst wachsen und ich muss kleiner werden
Jesus, nimm du in mir zu

Jeden Tag ein Stückchen älter
Und der äußre Mensch zerfällt
Lass den innern Menschen wachsen
Stärke das, was ewig hält
Was wertvoll ist in deinen Augen
Gilt in dieser Welt nicht viel
Doch ich geh auf dieser Reise
Mit dir, Jesus, bis ans Ziel

Hereinspaziert!

Im Fernsehen lief einmal eine Sendung, in der Superputzfrauen schmutzige Studenten-WGs blitzblank geputzt haben. Teilweise witzig, teilweise eklig – die Superputzis machten aus schmutzigen WGs Designerwohnungen. Für den Zuschauer auf dem heimischen Sofa war das spannend, weil es unfassbar schien, dass die Studenten ihren Dreck so öffentlich filmen ließen. Es schien ihnen nichts peinlich zu sein.

Das Geheimnis der Jesusnachfolge besteht darin, Jesus in unserem Lebenshaus aufräumen zu lassen. Mehr noch: Er will in unserem Haus wohnen – Christus in uns, die Hoffnung der Herrlichkeit. Wenn Christus Gott ist (und das ist er) und wenn er in uns lebt (und das will er), dann können wir die Fülle Gottes in unserem Leben erfahren. Nicht weil wir gut sind, sondern weil er, der alles ist, in uns lebt. Paulus schreibt, dass wir „sterben" müssen, damit er in uns leben kann. Das bedeutet, dass wir kleiner werden, damit er in uns wachsen kann. Wir nehmen uns zurück, damit er in unserem Leben zunehmen kann.

Jesus zwingt uns Heiligung nicht auf. Er möchte uns verändern, aber er kann nicht, wenn wir ihn nicht lassen. Er steht vor unserem Lebenshaus und klopft an den Türen der Zimmer, die geputzt und renoviert werden müssen. Die Türen lassen sich jedoch von außen nicht öffnen. Darum kann Jesus nur klopfen, rufen und darauf warten, dass die Tür von innen aufgeht. Und wir sind, ähnlich wie die Studenten aus dem Fernsehen, herausgefordert, die Peinlichkeit und die Scham loszulassen, damit Jesus aus unseren schmutzigen Zimmern eine Wohnung im himmlischen Design formen kann.

Von ihm für dich

> Aber was ist, wenn wir durch den Glauben an Christus vor Gott gerecht werden wollen und dann feststellen, dass wir immer noch Sünder sind? Hat Christus uns etwa in die Sünde geführt? Natürlich nicht. Ich mache mich vielmehr selbst schuldig, wenn ich das alte System wieder aufzurichten versuche, das ich schon abgerissen hatte. Durch das Gesetz werde ich verurteilt, weil ich es nicht erfüllen kann. Ich aber bin mit Christus gekreuzigt, sodass ich jetzt nicht mehr unter dem Gesetz stehe, sondern für Gott lebe. Ich lebe, aber nicht mehr ich selbst, sondern Christus lebt in mir. Ich lebe also mein Leben in diesem irdischen Körper im Glauben an den Sohn Gottes, der mich geliebt und sich selbst für mich geopfert hat. Ich gehöre nicht zu denen, die die Gnade Gottes gering achten. Denn wenn wir durch das Gesetz gerettet werden könnten, hätte Christus nicht sterben müssen.
>
> Galater 2, 17-21

Nachgedacht

✦ Gibt es Zimmer in deinem Lebenshaus, in die du Jesus noch nicht reingelassen hast? Gibt es Bereiche in deinem Leben, in denen du lieber selbst der Herr bist? Jesus möchte in dir leben, aber das kann er nur, wenn du ihn auch in dein Leben hineinlässt – in jeden Bereich: deinen Freundeskreis, deine Familie, deine Arbeit, deine Schule, deine Zukunftsplanung, deine Finanzen... Mach Jesus heute im Gebet die Türen auf. Vielleicht musst du manches hinauswerfen lassen, damit er in diesen Bereichen leben kann. Sei ermutigt: Er will dir die Fülle schenken!

To Pray

„Jesus,
du siehst, dass ich mich an vielen Dingen noch festklammere.
Hilf mir, loszulassen und dir zu vertrauen.
Herr, ich möchte „sterben“, so dass du in mir leben kannst. Ich möchte ganz dir gehören.
Von nun an soll mich nicht mehr mein Ego regieren, sondern du sollst der Herr in meinem Leben sein. So lebe nun nicht länger ich, sondern du, Christus, lebst in mir.
Amen.“

ER HAT EINEN PLAN

Es wurde dir, Mensch, doch schon längst gesagt, was gut ist und wie Gott möchte, dass du leben sollst. Er fordert von euch nichts anderes, als dass ihr euch an das Recht haltet, liebevoll und barmherzig miteinander umgeht und demütig vor Gott euer Leben führt.

Micha 6, 8

26 DU HAST MICH BEWEGT

Ich hab schon lang nach dir gesucht
War auf der Reise, auf der Flucht zu dir
Die ganze Welt hab ich verklagt
Mich immer wieder durchgefragt nach dir
Bin nun endlich angelangt nach langer Reise
Und dein Wesen zieht bei mir so seine Kreise

Jesus, du hast mich bewegt
Meine Seele freigelegt
Und jetzt flieg ich schwerelos
Von dir befreit bedingungslos
Jesus, du hast mich bewegt
Mir deinen Namen eingeprägt
Mein Leben gnadenlos gedreht
Durch Gnade wieder neu, wieder neu belebt

Hast dich fest ins Herz gebrannt
Meine Fehler aberkannt und ausradiert
Mein alter Mensch ist jetzt gestorben
Meine Seele neu geboren und reich verziert
Hast die Vergänglichkeit ins Unendliche gekehrt
Und mir das Leben für die Ewigkeit nicht verwehrt.

Du hast mich bewegt: Text & Melodie: Lars Peter, Andie Mette & Johannes Falk;

Aus: „Feiert Jesus! to go“ Nr. 6

Geschaffen für so viel mehr

Jesus will dich bewegen, dich befreien, dein Leben umdrehen und bei dir seine Kreise drehen. Er hat einen Plan für dein Leben, der größer ist, als du dir erhoffen kannst – so gut meint er es mit dir. Wir alle gehen auf ein Ende zu, denn das Leben auf dieser Erde ist zeitlich begrenzt. Wenn wir mal im Sterbebett auf unser Leben zurückschauen, müssen wir entweder sagen: „Wie? War's das schon? War denn mein Leben lebenswert? Wird man sich an mich erinnern?" Oder wir können sagen: „Ich habe das Leben gelebt, weil ich nach seinem Plan gelebt habe. Ich hatte das Ziel vor Augen und nun bin ich angelangt."

Wir sind herausgefordert, unser Leben so zu sehen, wie unser Schöpfer es sich vorgestellt hat, bevor wir geboren wurden. Das ist manchmal gar nicht so einfach. Und deshalb will uns Gott dabei helfen. Er gibt uns Träume und Leidenschaften für bestimmte Dinge; er gibt uns Gaben und Talente, die wir an andere weitergeben dürfen; er gebraucht unsere (guten und schlechten) Lebenserfahrungen, um uns zu formen und zu verändern. Wenn wir darüber nachdenken, kann es sein, dass uns Gott die Augen öffnet und wir seine Vorstellungen für unser Leben sehen.

Jesus will in uns einiges bewegen. Und er will uns zu anderen hin bewegen. Er möchte uns das, was ihm auf dem Herzen liegt, in unsere Herzen einbrennen. Er möchte, dass wir nach vorne sehen auf das Ziel, so dass wir seinen Plan für unser Leben erfüllen können.

Das schaffen wir nicht alleine, weil sein Plan kunstvoller ist, als wir uns vorstellen können. Und so sind wir einmal mehr auf Jesus angewiesen, dass er uns durch seine Gnade belebt und uns begleitet Schritt für Schritt.

Von ihm für dich

> Ich arbeite auf den Tag hin, an dem ich endlich alles sein werde, wozu Christus Jesus mich errettet und wofür er mich bestimmt hat. Nein, liebe Freunde, ich bin noch nicht alles, was ich sein sollte, aber ich setze meine ganze Kraft für dieses Ziel ein. Indem ich die Vergangenheit vergesse und auf das schaue, was vor mir liegt, versuche ich, das Rennen bis zum Ende durchzuhalten und den Preis zu gewinnen, für den Gott uns durch Christus Jesus bestimmt hat.
>
> Philipper 3, 12-14

Nachgedacht

✦ Wenn du einen Freund bitten würdest, ein Bild eines Christen zu malen, würde er wohl nie einen Sportler malen, oder? Eher vielleicht ein Kind beim

Bibellesen, einen alten Mann auf einer Kniebank oder eine Lobpreissängerin mit erhobenen Händen. Aber Paulus malt Christen wie Marathonläufer, die dem Ziel entgegenlaufen: Immer weiter... dorthin, wo Gott sie haben möchte. Lauf ins Gebet und bitte Gott, dir das Ziel für dein Leben zu zeigen, damit du weißt, wo du hinrennen sollst. Danke ihm für seinen Plan für dein Leben und bitte ihn, dir zu helfen danach zu leben.

To Pray

„Mein Gott,
du hast mich geschaffen für so viel mehr –
mehr, als ich mir vorstellen kann.
Ich danke dir, dass du angefangen hast
mich zu bewegen und zu verändern.
Ich bitte dich, dass du mir ganz klar
deinen Plan für mein Leben zeigst.
Schenke mir ein Ziel, dass ich verfolgen kann.
Und hilf mir, treu auf deinen Wegen zu gehen,
so dass ich am Ende meines Lebens
deine Stimme hören darf:
„Gut gemacht, mein guter und treuer Diener."
Amen."

27 I GIVE YOU MY HEART

Mein Verlangen ist es dich zu ehren
Herr, mit meinem ganzen Herzen
Bete ich dich an
Mit allem, was in mir ist, preise ich dich
Alles, was mir lieb ist, finde ich in dir

Herr, ich geb dir mein Herz
Ich geb dir meinen Geist
Ich lebe nur für dich
Mit jedem Atemzug
Und in jedem Moment
Herr, erfülle du deinen Plan durch mich

(freie Übertragung des englischen Liedtextes)

Was hast du in der Hand?

Wüste Midian, etwa 1300 v. Chr.: Ein einsamer Hirte war gerade mit seinen Schafen auf der Suche nach einer Weide, als er plötzlich einen brennenden Dornbusch sah. Er traute seinen Augen kaum und erst recht nicht seinen Ohren: Eine Stimme rief seinen Namen: „Mose!" „Hier bin ich!", sagte er. Dann hörte er, dass er erwählt wurde, um das Volk Israel aus Ägypten herauszuführen, hinein ins verheißene Land. Mose war sehr verunsichert. Er war inzwischen ein alter Mann, in Ägypten hatte man ihn sicher vergessen. Keiner würde auf ihn hören. Doch die Stimme versprach bei ihm zu sein.

Nun wollte Mose es wirklich wissen. Er fragte die Stimme im Dornbusch: „Wie ist dein Name?" Wenn er übernatürlichen Beistand haben sollte, musste er schon ganz genau wissen, welche Gottheit denn da mit ihm sprach. Die Stimme entgegnete: „Ich bin." Mose dachte wohl bei sich: „Ähm, ja? Du bist... wer?" Die Stimme sagte: „Ich bin... der bin ich." Da verstand Mose auf einmal, mit wem er es zu tun hatte. Er redete mit Gott selbst, dem Ewigen und Allgegenwärtigen. Er redete mit dem, der so unfassbar ist, dass man ihn nicht auf einen Namen reduzieren kann.

Gott fragte ihn dann: „Was hast du da in der Hand?" „Meinen Hirtenstab", entgegnete Mose. „Wirf ihn auf den Boden", befahl der Herr. Für einen Hirten damals war der Stab so etwas wie seine Identität. Ein hebräischer Hirtenjunge bekam im Alter von 12 Jahren seinen eigenen Stab. Und wenn etwas Besonderes in seinem Leben geschah, dann ritzte er eine Markierung in das Holz – als Andenken und Erinnerung. Die Aufforderung Gottes, den Stab hinzuwerfen, hieß im Grunde nichts anders als: „Mose, leg dein Leben hin. Wir markieren jetzt eine neue Geschichte in deinen Stab. Es wird meine Geschichte sein, und du wirst Teil davon sein."

Gott kann nur dann etwas mit uns anfangen, wenn wir ihm unseren Stab, unser Leben, hinlegen. Der Allmächtige beruft uns und er möchte, dass wir ihm völlig zur Verfügung stehen. Dann kann er seinen Plan durch uns erfüllen. Diese Hingabe – das ist Anbetung.

Von ihm für dich

> Der Herr sagte zu Mose: „Ich habe gesehen, wie mein Volk in Ägypten unterdrückt wird. Und ich habe ihr Schreien gehört. Ich weiß, wie sehr es leidet. Ich bin gekommen, um sie aus der Gewalt der Ägypter zu retten und sie aus Ägypten zu führen in ein schönes, weites Land. In ein Land, in dem Milch und Honig überfließen – das Land, in dem die Kanaaniter, Hetiter, Amoriter, Perisiter, Hiwiter und Jebusiter leben. Ich habe das Schreien der Israeliten gehört und ich habe gesehen, wie sie von den Ägyptern unterdrückt werden. Nun geh, denn ich sende dich zum Pharao.
> Du sollst mein Volk, die Israeliten, aus Ägypten

führen." „Wer bin ich, dass ich zum Pharao gehen und die Israeliten aus Ägypten führen sollte?", fragte Mose Gott. Er antwortete: „Ich werde mit dir sein."

2. Mose 3, 7-12a.

Nachgedacht

- Hast du gemerkt, dass Gott hier immer in der ersten Person Singular spricht? „Ich habe gesehen. Ich habe gehört. Ich bin besorgt. Ich bin gekommen. Ich werde jetzt was unternehmen." Und Mose fragt: „Wer bin ich?" Gott entgegnete ihm: „Wer redet denn von dir? Ich werde das alles machen." – Geht es dir auch manchmal wie Mose? Denkst du manchmal, dass du das, was Gott von dir möchte, gar nicht schaffen kannst? Erzähl ihm im Gebet von deinen Zweifeln und bitte ihn, in deiner Schwachheit mächtig zu sein.

- Es ist interessant, dass Gott Mose nicht zu einem Selbstbewusstseinsseminar für schwache Führungskräfte schickt. Er sagt ihm nur: „Ich werde mit dir sein. Mach dir keine Sorgen darüber, wer du bist. Schau einfach darauf, wer ich bin. Ich bin mit dir." Gott und ein gewöhnlicher Mensch sind ein außergewöhnliches Team. Danke Gott im Gebet, dass er dich gebrauchen möchte und dass du Teil dieses starken Teams sein darfst. Bitte ihn, sein Versprechen einzuhalten und immer bei dir zu bleiben.

To Pray

„Herr, mein Gott,
ich preise dich, denn du bist groß und mächtig.
Kein Name der Welt kann dich beschreiben.
Ich bin nicht viel, eigentlich gar nichts,
aber du bist.
Du bist alles, Herr.
Ich möchte dir zur Verfügung stehen.
Ich lege dir meinen Hirtenstab hin.
Gebrauche mich
und schreibe durch mein Leben deine
Geschichte.
Amen."

28 ICH KANN NICHT SCHWEIGEN

Ich kann nicht schweigen
Von dem, was du getan hast
Du gabst dein Leben um mich zu befrein
Ich kann nicht leugnen
Was du für mich bedeutest
Mein ganzes Leben gehört dir allein

Und wenn ich daran denke
Wie sehr du mich liebst
Und was ich dir verdanke
Dann jubelt mein Herz

Ich kann nicht anders, als zu singen
Ich kann nicht anders, als von dir zu erzähln
Ich kann nicht anders, als dich preisen
Mein ganzes Leben lang

Ich kann nicht schweigen: Text & Melodie: Albert Frey;

Aus: „Feiert Jesus! 2" Nr. 214

Ich habe einen Schatz gefunden...

Gott hat eine Mission: Er will, dass alle Menschen gerettet werden und seine Wahrheit erkennen. Das liegt ihm auf dem Herzen wie nichts anderes. Für dieses Ziel gibt er alles. Jesus erzählte die Geschichte von einem Mann, der auf einem Feld mit dem Pflug arbeitete. Eines Tages entdeckte er dort einen Schatz. Er vergrub ihn wieder und ging schnell nach Hause, um alles zu verkaufen, was er hatte: sein Haus, seine Möbel, seine Tiere... eben alles. Mit dem erworbenen Geld in der Tasche ging er zu dem Besitzer des Ackers und kaufte sich den Acker samt dem verborgenen Schatz.

Meist lesen wir die Geschichte so, dass wir diejenigen sind, die Jesus finden und dafür alles hergeben müssen, um den Schatzacker erwerben zu können. Aber wenn wir Gott und seine Mission verstehen wollen, sollten wir die Geschichte einmal anders herum lesen: Gott ist der Arbeiter auf dem Feld, der uns Menschen gefunden hat. Er gibt alles her, was er hat – sogar seinen eingeborenen Sohn –, um den Schatzacker erwerben zu können. Zu dem Schatz gehören du und ich – aber auch alle anderen Menschen um uns herum. Wir sind teuer erkauft, kostbar, wertvoll und Gott freut sich so sehr, dass er uns gefunden hat!

Weil Gott will, dass alle Menschen gerettet werden, ist er immer noch am Ausgraben, um so viele wie möglich zu retten. Die Frage ist, was tun wir? Stehen wir nur rum und freuen uns erlöst zu sein? Oder schauen wir Gott bei der Arbeit zu und feuern ihn an? „Toll, Gott.

Oh, schau. Da ist noch einer. Und Gott, hast du meinen Bruder schon gefunden? Ich hab doch dafür gebetet, dass du ihn retten sollst..."

Oder schnappen wir uns auch eine Schaufel und packen mit an? Gott ist fleißig am Schatzausbuddeln und er möchte, dass wir ihm helfen. Er will alle Menschen retten – und das soll auch unsere Mission sein.

Von ihm für dich

> Dann gingen die elf Jünger nach Galiläa zu dem Berg, den Jesus ihnen genannt hatte. Als sie ihn sahen, beteten sie ihn an – aber einige zweifelten immer noch. Jesus kam und sagte zu seinen Jüngern: „Mir ist alle Macht im Himmel und auf der Erde gegeben. Darum geht zu allen Völkern und macht sie zu Jüngern. Tauft sie im Namen des Vaters und des Sohnes und des Heiligen Geistes und lehrt sie, alle Gebote zu halten, die ich euch gegeben habe. Und ich versichere euch: Ich bin immer bei euch bis ans Ende der Zeit."
>
> Matthäus 28, 16-20

Nachgedacht

✦ Diese Worte waren Jesu letzte Worte an die Jünger, bevor er in den Himmel auffuhr. Der Auftrag, den er den Jüngern gab, gilt auch dir. Die Tatsache, dass du heute Jesus kennen darfst, hängt teilweise auch damit zusammen, dass die elf Jünger damals den Auftrag ernst genommen haben. Eine lange Kette von Boten haben über die Jahrhunderte den Auftrag treu ausgeführt. Reihst du dich mit ein? Bitte Gott, dir zu helfen dem Ruf zu folgen. Bitte ihn, dir Liebe und Dringlichkeit für die Menschen zu geben, die ihn noch nicht kennen. Bitte ihn ganz konkret darum, dass er dir in den nächsten Tagen Situationen schenkt, in denen du anderen vom Schatzgräber weitersagen kannst. Er hat dir viel geschenkt. Nun liegt es an dir, davon zu erzählen.

To Pray

„Himmlischer Vater,
ich danke dir, dass du mich errettet hast.
Danke, dass ich Teil des Schatzes sein darf.
Danke, dass du deinen Sohn für mich gegeben
hast, um den Acker zu kaufen.
Vater, nun möchte ich dir auch helfen,
dass möglichst viele Menschen gerettet werden.
Herr, du hast mich berufen
und du willst mich auch befähigen.
Gib mir Mut, die richtigen Worte,
liebende Taten und offene Türen.
Ich will nicht länger schweigen.
Amen."

29 HOPE OF THE NATIONS

Jesus, Hoffnung der Völker
Jesus, Trost für alle, die trauern
Durch dich gibt es Hoffnung für die Welt
Jesus, Licht in der Dunkelheit
Jesus, Wahrheit in allen Umständen
Durch dich gibt es Licht für die Welt

Du hast wirklich gelebt, bist gestorben;
Du hast die Fesseln gesprengt
und bist auferstanden zum Leben

Du bist die Hoffnung, die in uns lebt
Du bist der Fels, auf den wir vertrauen
Du bist das Licht, das für alle Welt sichtbar leuchtet
Du bist auferstanden von den Toten
Du hast die Angst überwunden
Unser Friedefürst, der uns zu sich zieht
Jesus, unsere Hoffnung
Du lebst für alle, die es annehmen
Herr, das glauben wir

(freie Übertragung des englischen Liedtextes)

Aus: „Feiert Jesus! 3“ Nr. 194

Hoffnung für die Leidenden

Jesus ist die Hoffnung und der Trost für unsere kaputte und leidende Welt. Als er auf der Erde war, hatte er großes Mitleid mit den Menschen, denen er begegnete. Und sein Erbarmen hat kein Ende. Auch heute liegen ihm die Armen, die Kranken, die Hungrigen, die Einsamen, die Abgelehnten, die Verletzten, die Misshandelten, die Obdachlosen, die Waisen und die Abhängigen auf dem Herzen. Der Gott der Gerechtigkeit sorgt sich um alle, die Ungerechtigkeit erleiden müssen. Und er beauftragt uns, seine Gemeinde, zu diesen Menschen zu gehen und ihnen zu dienen.

Die Bibel redet mehr über soziale Gerechtigkeit als über Himmel und Hölle, über Jesu Wiederkunft oder über sexuelle Moral. Unsere Generation nennt sich selbst stolz die „Worshipgeneration". Aber wenn wir meinen, dass Gott noch mehr Songs und Anbetungsabende von uns möchte, dann haben wir etwas missverstanden. Gott möchte, dass wir hinausgehen und anfangen unsere Lieder zu leben. Nur so werden wir eine „worshipping generation". Wenn wir anfangen andere zu lieben und ihnen zu dienen und so den Liedern einen Sinn geben, dann ist es Anbetung. Wenn wir andere lieben, lieben wir Jesus. Wenn wir anderen dienen, dann ist es ein Gottesdienst.

Jesus ist die Hoffnung für die Welt – und er wählt seine Gemeinde, um diese Hoffnung weiterzugeben. Das erste Wunder nach Pfingsten war die Heilung eines gelähmten Bettlers. Das heißt, dass sich das erste

Augenmerk einer vom Geist erfüllten Gemeinde auf die Armen richtet; dass die Liebe der Gemeinde denen gilt, die ganz unten sind; dass die Gaben der Gemeinde denen bestimmt sind, die sie wirklich brauchen. Die Gemeinde ist die einzige Organisation in dieser Welt, die für ihre Nicht-Mitglieder existiert.

Von ihm für dich

> „Kommt, ihr seid von meinem Vater gesegnet, ihr sollt das Reich Gottes erben, das seit der Erschaffung der Welt auf euch wartet. Denn ich war hungrig, und ihr habt mir zu essen gegeben. Ich war durstig, und ihr gabt mir zu trinken. Ich war ein Fremder, und ihr habt mich in euer Haus eingeladen. Ich war nackt und ihr habt mich gekleidet. Ich war krank und ihr habt mich gepflegt. Ich war im Gefängnis und ihr habt mich besucht." Dann werden diese Gerechten fragen: „Herr, wann haben wir dich jemals hungrig gesehen und dir zu essen gegeben? Wann sahen wir dich durstig und haben dir zu trinken gegeben? Wann warst du ein Fremder und wir haben dir Gastfreundschaft erwiesen? Oder wann warst du nackt und wir haben dich gekleidet? Wann haben wir dich je krank oder im Gefängnis gesehen und haben dich besucht?" Und der König wird ihnen entgegnen: „Ich versichere

euch: Was ihr für einen der Geringsten meiner Brüder und Schwestern getan habt, das habt ihr für mich getan!“

Matthäus 25, 34-40

Nachgedacht

✦ Jesus macht hier sehr deutlich, dass wir ihm dienen, wenn wir den Armen dienen. Andersherum heißt das aber auch, dass wir Jesus nicht dienen, wenn wir den Armen nicht dienen. Wie sieht es bei dir aus? Überleg dir ganz praktisch, was du diese Woche tun kannst, damit Leidende in Jesus neue Hoffnung finden. Was kannst du tun, um anderen zu dienen? Bitte Gott, dass er dich zu anderen hin bewegt und dir ein großzügiges Herz schenkt, ein weites Herz für Gerechtigkeit.

„Oh Herr,
es ist so viel Leid, Trauer und Schmerz in dieser Welt.
So viele Menschen in meinem Umfeld leiden.
Herr, ich weiß, dass dies dein Herz zerbricht.
Und, Herr, es soll auch mein Herz zerbrechen.
Mach dein Herzensanliegen zu meinem Herzensanliegen.
Ich möchte anderen dienen und dich damit verherrlichen.
Ich möchte sie lieben und damit dich lieben.
Ich möchte im Kleinen treu sein.
Vater, bitte zeige mir Möglichkeiten und Ideen, wie ich anderen helfen kann.
Schenke mir Barmherzigkeit und Erbarmen.
Du bist die Hoffnung für die Leidenden.
Ich möchte diese Hoffnung nicht für mich behalten.
Amen."

30 GOTT TROCKNET DEINE TRÄNEN

Was wir jetzt sehen wird schon bald vergehn
Aus Unsichtbarem wird was Neues entstehn
Einen neuen Himmel werden wir sehn
Wenn wir vor Jesus stehn
Hörst du die Stimme, wie sie zu dir spricht:
„Ich bin der Anfang, das Ende, ich bin dein Licht
Ich bin es, der die Zeit durchbricht
Ich kenne dein Gesicht"

Gott wischt alle Tränen ab
Gott trocknet deine Tränen ab
Gott wischt alle Tränen ab
Hier im Land der Herrlichkeit
Gott wischt deine Tränen ab
Gott trocknet deine Tränen ab
Deinem Schmerz und deinem Leid
Nimmt er sich gerne an

Wer überwindet, wird bald bei ihm sein
Vorbei die Schmerzen, vorbei dein Schrein
Der König selbst wird dein Streiter sein
Gott lässt dich nicht allein
Tausend Jahre vergehen wie ein Tag
Egal, was war, was ist, was kommen mag
Er schenkt dir Trost, dass nicht dein Herz verzagt
Er nimmt dir, was dich plagt

Gott trocknet deine Tränen: Text & Melodie: Johannes Falk;

Das Beste kommt noch

Dies ist zwar das letzte Kapitel dieses Büchleins, aber die Reise, die du im ersten Kapitel (oder schon vorher) angefangen hast, geht weiter. Das Beste liegt noch vor dir. Auch wenn der Weg manchmal steinig sein wird und du vielleicht stolpern wirst, hat er noch große Dinge mit dir vor. Die Reise geht also weiter – und führt ans Ziel, wenn er wiederkommt und wir ihn von Angesicht zu Angesicht sehen dürfen.

Jesus wird kommen – so sagt es uns die Bibel. Darauf warten und hoffen wir. Und wenn er kommt, wird er alles neu machen. Krieg, Hunger, Krankheit und Tod werden nicht mehr da sein. Er wird Frieden schaffen, Nahrung schenken, Menschen heilen und die Toten auferwecken. Die biblische Prophezeiung von einer Welt ohne Schmerzen, Leid und Trauer ist kein Märchen. Sie wird wahr werden, wenn die Herrschaft Gottes sichtbar in die Welt einbricht. Er, der ganz am Anfang schon da war, wird die Sache auch gut zu Ende bringen. Das ist das Ziel unserer Reise.

Und das Beste wird sein, dass wir ihn sehen dürfen – in all seiner Herrlichkeit. Er wird unsere Tränen abtrocknen, uns in seine Arme schließen und sagen: „Mein geliebtes Kind! Wie schön, dass du da bist!" Wir dürfen dann auf ewig bei ihm sein, im Land der Herrlichkeit – einem Ort, schöner und aufregender, als wir uns vorstellen können. Und so warten wir auf den Tag des Herrn. Bis es so weit ist, wollen wir ihm weiter nachfolgen. Wir dürfen ihn noch tiefer kennen lernen und ihn noch weiter bekannt machen.

Von ihm für dich

Dann sah ich einen neuen Himmel und eine neue Erde, denn der alte Himmel und die alte Erde waren verschwunden. Und auch das Meer war nicht mehr da. Und ich sah die heilige Stadt, das neue Jerusalem, von Gott aus dem Himmel herabkommen wie eine schöne Braut, die sich für ihren Bräutigam geschmückt hat. Ich hörte eine laute Stimme vom Thron her rufen: „Siehe, die Wohnung Gottes ist nun bei den Menschen! Er wird bei ihnen wohnen und sie werden sein Volk sein und Gott selbst wird bei ihnen sein. Er wird alle ihre Tränen abwischen, und es wird keinen Tod und keine Trauer und kein Weinen und keinen Schmerz mehr geben. Denn die erste Welt mit ihrem ganzen Unheil ist für immer vergangen." Und der, der auf dem Thron saß, sagte: „Ja, ich mache alles neu."

Offenbarung 21, 1-5

Nachgedacht

- ✦ Vielleicht ist der Himmel für dich eine seltsame Vorstellung. Die Texte aus der Offenbarung hören sich eher wie „Herr der Ringe“ an und nicht wie eine Beschreibung des Himmels. Aber der Himmel wird aufregend und spannend sein – aus einem Grund: Jesus wird da sein! Die Bilder und Symbole aus der Offenbarung sind Versuche, das Unbeschreibliche zu beschreiben. Sei gespannt auf den Himmel! Und erzähle Gott im Gebet von deiner Vorfreude. So wie ein Bräutigam es kaum erwarten kann, die schöne Braut zu sehen – sag ihm, dass du es kaum erwarten kannst, das zu sehen, was er nun so lange vorbereitet hat.

To Pray

„Lieber Vater im Himmel,
ich bin so gespannt darauf, wie alles sein wird.
Es wird ein großes Fest werden.
Ich danke dir, dass du mich eingeladen hast,
mit dabei zu sein.
Ich freue mich darauf, dass du dem Leid ein Ende setzen wirst.
Ich freue mich darauf, dass der Tod nicht länger sein wird.
Ich freue mich darauf, dass du die Tränen abtrocknest.
Ich freue mich so darauf, dich endlich zu sehen.
Ja, Herr Jesus, komm bald!
Maranatha!
Ich liebe dich, mein Herr!
Amen."

Feiert Jesus! to pray
Die CD zu diesem Buch
30 Songs, Doppel-CD
CD-Nr. 097.108

Feiert Jesus! to go
38 Songs, Doppel-CD
CD-Nr. 097.076

Feiert Jesus! to go
Liederbuch
Geheftet, A5, 80 Seiten
Bestell-Nr. 394.870
ISBN 978-3-7751-4870-2

Bitte fragen Sie in Ihrer Buchhandlung nach diesen und anderen Feiert Jesus!-Artikeln!
Oder schreiben Sie an: Hänssler Verlag im SCM-Verlag GmbH & Co. KG, D-71087 Holzgerlingen